공부와 삶의 방향을
일러 준 위대한 학자
# 이이

이야기/교과서/인물 이이

초판 제1쇄 발행일 2016년 3월 25일
초판 제2쇄 발행일 2021년 8월 30일
글 이재승  그림 신슬기
발행인 박헌용, 윤호권  발행처 (주)시공사  주소 서울시 성동구 상원1길 22
전화 문의 02-2046-2800
홈페이지 www.sigongsa.com / www.sigongjunior.com

ⓒ 이재승, 신슬기, 2016

이 책의 출판권은 (주)시공사에 있습니다.
저작권법에 의해 한국 내에서 보호받는 저작물이므로, 무단 전재와 무단 복제를 금합니다.

ISBN 978-89-527-8203-8 74990
ISBN 978-89-527-8164-2 (세트)

홈페이지 회원으로 가입하시면 다양한 혜택이 주어집니다.
잘못 만들어진 책은 구입하신 곳에서 바꾸어 드립니다.

사진 자료 제공 | 22쪽 〈초충도〉 국립 중앙 박물관 | 46쪽 도산 서원, 47쪽 퇴계 이황 동상 연합뉴스
88쪽 《성종실록》 규장각 한국학 연구원 | 109쪽 〈부산진 순절도〉 육군 박물관

KC마크는 이 제품이 공통안전기준에 적합하였음을 의미합니다.
제조국 : 대한민국   사용 연령 : 8세 이상
주의 사항 : 책장에 손이 베이지 않게, 모서리에 다치지 않게 주의하세요

공부와 삶의 방향을
일러 준 위대한 학자

# 이 이

이재승 글 | 신슬기 그림

시공주니어

작가의 말 … 6
이이를 찾아가다 … 8

**1장**  효심, 하늘을 움직이다 … 14
**역사 한 고개** 이이의 어머니, 신사임당 … 22

**2장**  공부를 하는 이유를 묻다 … 24
**역사 한 고개** 중국의 사상가들 … 36

**3장**  사람을 만나 배운다 … 38
**역사 한 고개** 퇴계 이황 … 46

**4장**  매일 자신을 되돌아보라 … 48

**5장**  친구, 내 소중한 친구 … 56

**6**장 어찌 잘못을 보고 고치려 하지 않으십니까? … 64

**7**장 한쪽만 보려고 하지 마라 … 76
**역사 한 고개** 조선의 사화 … 88

**8**장 사람을 차별하지 마라 … 90

**9**장 준비하고 또 준비하라 … 98
**역사 한 고개** 임진왜란 … 108

**10**장 끝까지 책임을 다하다 … 110

이이에게 묻다 … 118
이이가 걸어온 길 … 122

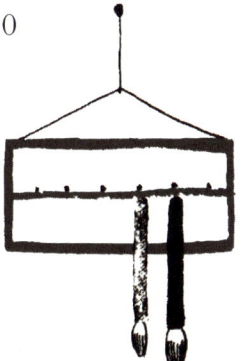

## 이이를 만나다

    5천 원권 지폐를 한번 펴 보세요. 거기에 나와 있는 분이 바로 율곡 이이 선생님입니다. 어느 나라든 그 나라에서 존경받는 사람이 지폐의 주인공이 됩니다. 이이 선생님은 우리나라를 대표하는 학자이고 정치가입니다. 그렇기 때문에 우리나라 지폐에 당당히 들어가 있는 것입니다.
    이이 선생님은 어렸을 때부터 천재 소리를 들었다고 합니다. 그렇지만 그냥 천재가 되었던 것은 아닙니다. 매일같이 책을 읽고 매일 자신의 삶을 되돌아보는 자세를 가졌고, 이런 자세가 결국 이이 선생님을 위대한 인물로 만들었다고 할 수 있습니다.

이이 선생님은 강원도 강릉에서 어머니인 신사임당의 보살핌을 받으면서 자라났습니다. 어머니의 엄하면서도 자상한 교육은 어린 이이에게 큰 영향을 끼쳤습니다. 그 이후에 경기도 파주에서 살면서 좋은 친구들을 벗으로 삼아 서로에게 많은 가르침을 주었습니다. 이후에도 열심히 공부하면서 조정에 들어가 백성을 사랑하는 정치가로 살았습니다. 이이 선생님의 다른 사람을 사랑하는 마음과 불의에 맞서는 당당한 자세는 많은 사람들의 존경을 받기에 충분했습니다.

이 책은 이이 선생님의 삶을 자세히 담고 있습니다. 하지만 위대한 업적을 주로 담으려고 하지는 않았습니다. 그리고 역사 속에서만 살았던 위대한 인물이라는 점을 드러내지도 않았습니다. 이이 선생님을 오늘을 살아가고 있는 우리에게 다정하게 삶의 이야기를 들려주는 그런 어른처럼 여길 수 있도록 했습니다. 즉 역사 속에서 있었던 일을 단순히 나열하는 것이 아니라, 우리가 배울 점을 이야기해 주고 있습니다.

책을 읽고 나면 여러분의 삶을 한번 되돌아보세요. 오늘 무슨 일을 했는지, 무슨 책을 읽었고 어떤 생각을 했는지 말입니다. 그리고 이이 선생님의 삶과 비교해 보세요. 이이 선생님의 삶을 보면서 우리 자신의 삶을 하루하루 되돌아보는 순간, 여러분은 자신도 모르게 위대한 인물이 되기 위한 기초를 닦을 수 있습니다.

자, 그러면 이이 선생님이 어떤 삶을 살다 가셨는지 들여다볼까요?

이재승

● 이이를
찾아가다

**강릉 오죽헌**
율곡 이이가 태어난 집.
집 뜰 안에 오죽(검은 대나무)이 있어
이런 이름이 붙었다. 보물 제165호.
**강원도 강릉시 율곡로3139번길 24**

### 율곡 이이가 태어난 강릉으로

오늘은 아침부터 마음이 설레었다. 주말을 맞아 강릉으로 가족 여행을 떠나기로 했기 때문이다. 바다도 보고, 맛있는 음식도 먹을 생각에 웃음이 절로 났다.

"아빠, 강릉에 가면 바다도 보고 맛있는 것도 많이 먹을 수 있겠죠?"

"먹을 생각부터 하는 거냐. 오늘은 특별한 곳을 가 보려고 하는데."

"특별한 곳 어디요? 그냥 놀러 가는 줄 알았는데……."

"노는 것도 좋지만, 강릉에 가면 꼭 한번 들러 보아야 할 곳이 있어."

"강릉 하면 바다 먼저 생각나는데요?"

"강릉엔 바다도 있지만, 오늘은 오죽헌에 가 볼 거야."

"오죽헌요? 아, 학교에서 배운 적 있어요. 율곡 이이 선생님과 관련된 곳이죠?"

"우리 아들 똑똑한데. 그래 맞아. 오늘은 오죽헌을 자세히 둘러보고 맛있는 것도 많이 먹자."

서울에서 출발해서 영동 고속 도로를 한참 달리다 보니 조금 높은 듯한 고갯길이 나왔다. 아빠 말로는 이곳이 대관령이란다. 지금은 고속 도로가 뚫려 있지만, 옛날에는 엄청 험했다고 한다. 오죽헌에 간다고 하니 이이 선생님 생각이 났다. 이이 선생님은 살아 계셨을 때 이 험한 고갯길을 여러 차례 넘었을 거란 생각이 들었다.

강릉 오죽헌에 도착했더니 주말이라 그런지 주차장에 차가 가득했다. 입구에서 표를 사서 들어가려고 하는데, 아빠의 설명이 시작됐다. 무엇이든 설명해 주시고 가르쳐 주시려는 우리 아빠. 아빠는 어깨를 으쓱하며 이이 선생님에 대해 자세히 설명해 주셨다.

오죽헌 입구

"이이 선생님은 이곳 강원도 강릉 오죽헌에서 태어나셨지. 아버지 이원수, 어머니 신사임당의 셋째 아들로 태어났단다."

"오죽헌이 무슨 뜻이에요?"

"그래, 좋은 질문이다. 오죽헌은 주변에 줄기가 검은 대나무가 많이 자라서 붙여진 이름이야."

오죽헌 안에 있는 검은 대나무(오죽)

아빠는 이이 선생님이 대나무처럼 꼿꼿하며 늘 푸르른 마음을 간직했던 선비라고 하셨다. 이이 선생님이 바로 이곳에서 태어나서 대나무 같은 삶을 사셨을 거란 생각이 들었다.

입구를 지나 몇 걸음 걸었더니 오른쪽에 이이 선생님의 동상이 우뚝 서 있었다. 책을 들고 서 있는 모습이 위엄 있어 보였다. 동상 옆에 서서 기념 사진을 찍고는 곧바로 오죽헌으로 향했다. 오죽헌은 과연 어떤 곳일까? 가슴이 두근거렸다. 오죽헌을 보기 위해 계단을 올랐다. 계단을 다 오르니 조그마한 문이 있고 왼편에 오죽헌이 있었다.

이이 동상

오죽헌 툇마루에 앉아 잠시 이이 선생님의 모습을 상상해 보았다. 이이 선생님은 1536년에 태어나셨다고 하니 그로부터 500년 가까운 시간이 흘렀다. 오죽헌에 앉아 있으려니 어딘가에서 이이 선생님의 목소리가 들리는 듯했다.

"어쩐 일로 이 멀리까지 오셨소."

"선생님이 어떤 분인지 좀 더 가까이에서 뵙고 싶어서요. 선생님은 위대한 삶을 살아가신 분이라고 들었어요. 선생님이 돌아가신 지 오랜 세월이 지났지만 많은 사람들이 아직도 선생님을 존경하고 있어요."

"거참, 내가 뭐 그리 대단한 삶을 살았다고."

"선생님은 후손들에게 많은 것을 깨우쳐 주셨어요. 이제 선생님의 삶에서 본받을 점을 찾아 실천하려고 해요."

나는 마음속으로 이이 선생님께 여쭈어 보았다.

"선생님은 어떻게 태어나시게 되었어요?"

"우리 어머니인 신사임당께서 어느 날 신비한 꿈을 꾸셨습니다. 어머니가 가까운 동해 바다에 나가자 아리따운 선녀가 나타났다고 합니다. 선녀가 한 어린아이를 안고 있었는데, 아이의 살결이 구슬처럼 깨끗하고 얼굴이 환하게 빛났다고 합니다. 이내 선녀는 그 아이를 어머니에게 아무 말 없이 안겨 주고 떠났다고 합니다."

"그 꿈이 태몽이었나 봐요."

"그래요. 또 어머니는 내가 태어나기 전날 밤에도 꿈을 꾸셨습니다. 큰 바다에서 검은 용이 날아와 침실의 처마 밑에 서리고 있었습니다. 어머니

오죽헌 몽룡실

는 깜짝 놀라 꿈에서 깨어나셨다고 합니다. 잠을 깬 지 얼마 지나지 않아 저를 낳았다고 합니다."

"아, 예. 저도 아빠한테 그 말씀을 들었습니다. 그래서 선생님을 낳은 방을 꿈에서 본 용을 떠올려 '몽룡실'이라 하였다지요."

"그래요. 그래서 내 어릴 적 이름도 용을 보았다는 뜻으로 현룡(見龍)이라 하였습니다."

이이 선생님이 말씀을 이었다.

"저는 6살까지 이곳 강릉의 오죽헌에서 지냈습니다. 오죽헌 가까이에는 드넓은 동해 바다가 펼쳐져 있습니다. 어렸을 때 저는 이곳 동해 바닷가에서 뛰어놀았습니다. 온몸에 동해 바다의 기운을 받으면서요. 훗날 제가 많은 사람들의 사랑을 받을 수 있었던 데에는 이곳에서의 생활이 바탕이 되었습니다. 여기에서 태어났고 힘들 때마다 이곳에 내려왔습니다. 마음의 고향이지요."

"이곳 오죽헌은 선생님께 매우 특별한 곳이겠어요."

"그렇습니다. 이곳에는 내가 태어난 몽룡실을 비롯하여 볼거리들이 많이 있습니다. 그리고 가까운 곳에 경포대도 있고 강릉의 동해 바다도 있습니다. 찬찬히 살펴보고 가시길 바랍니다. 그럼 저는 이제 이만."

"감사합니다, 선생님."

이이 선생님이 다정스런 눈빛으로 나를 보시면서 말씀해 주시는 것 같았다. 이이 선생님이 어떤 삶을 사시다 가셨는지 더 궁금해졌다. 내가 그분의 삶에서 무엇을 배울 수 있을까?

# 1장
# 효심, 하늘을 움직이다

"제발 우리 어머니의 병을 낫게 해 주세요. 이렇게 간절히 빕니다."

아무도 없는 어두운 **사당**에서 한 아이가 기도를 하고 있었다. 아픈 어머니를 위해 기도를 하고 있는 아이, 현룡은 아직 5살밖에 되지 않은 어린아이였다.

현룡은 아파서 신음하는 어머니의 모습을 보고 마음이 찢어질 듯 아팠다. 한참 생각에 잠겨 있던 현룡은 조용히 일어서더니 집 뒤에 있는 사당으로 향했다. 조상을 모시는 문성사라는 사당이었다.

사당은 집 뒤쪽에 외따로 있는 건물로, 어두침침해서 어린아이가 혼자 가기에는 다소 무서운 분위기가 감도는 곳이었다. 하지만 현룡은 무서움을 무릅쓰고 사당으로 조심스럽게 들어갔다. 조상님께 큰절을 하고 무릎을 꿇고 앉아 가지런히 두 손을 모았다. 그러고는 온 마음을 담아 어머니의 병을 낫게 해 달라고 빌었다.

"조상님, 제발 우리 어머니를 살려 주세요."

집안 어른들은 어린 현룡이 없어진 것을 뒤늦게 알고 온 집안을 이리저리 찾아다녔다. 그러나 현룡은 보이지 않았다. 마지막으로 혹시나 하는 마음에 사당을 살펴보았더니 그곳에 현룡이 혼자서 기도를 하고 있었다.

현룡의 외할머니는 깜짝 놀라 외쳤다.

"아니, 지금 너 혼자 그곳에서 무얼 하고 있느냐?"

"어머니 병이 낫게 해 달라고 조상님께 빌고 있었습니다."

그 모습에, 어린 그 마음에 다들 감탄했다. 현룡의 간절한 기도 덕분인지, 얼마 가지 않아 어머니의 병이 나았다.

현룡은 점차 성장하여 11세가 되었다. 이번에는 현룡의 아버지가 위중한 병에 걸려 사경을 헤맸다. 병이 깊어져 사람을 알아보지 못하는 지경에까지 이르렀다.

현룡은 아버지가 돌아가실지도 모른다는 생각이 들자, 절박한 심정이 되었다. 현룡은 고심했다.

'아버지를 위해 내가 무엇을 할 수 있단 말인가!'

**사당**
돌아가신 조상의 신주(죽은 조상의 이름을 적은 나무 패)를 모시고, 제사를 지내는 곳. 가묘라고 부르기도 한다.

현룡은 어릴 때부터 많은 책을 읽었다. 집 안 이곳저곳에 많은 책이 있어, 집 안에 있는 책을 읽기도 하고 필요하면 빌려서 읽기도 했다.

'그래, 언젠가 책에서 본 적이 있어. 이렇게라도 해 봐야지.'

현룡은 오랜 고민 끝에 책에서 보았던 것을 해 보기로 했다. 자신의 팔뚝을 송곳으로 찔러 피를 내어 아버지 입속으로 떨어뜨리는 것이었다. 그러고는 이내 사당에 가서 조상님께 간절히 빌었다.

"저는 젊고 재주도 많으니 죽어서 조상님들을 섬길 수 있지만 아버지는 많이 늙어서 저보다 못합니다. 제발 아버지 대신에 저를 데려가 주십시오."

현룡이 사당에서 빈 다음 날, 그 정성 덕분인지 아버지는 정신을 차릴 수 있었다. 깨어난 아버지는 주변 가족들에게 흥분한 목소리로 말했다.

"내가 어제 꿈을 꾸었소. 신선의 모습을 한 백발 노인이 나타나 우리 현룡이를 가리키며 이 아이는 우리나라의 큰 선비이니, 그 이름은 '구슬 옥(玉)' 자와 '귀 이(耳)' 자를 붙인 글자를 사용하라고 했소."

'구슬 옥(玉)' 자와 '귀 이(耳)' 자를 붙이면 '귀고리 이(珥)' 자가 된다. 현룡의 아버지는 꿈속의 백발 노인이 일러 준 대로 '귀고리 이(珥)' 자를 붙여 아이의 이름을 '이이(李珥)'라고 지었다. 현룡이라 불리던 아이는 이때부터 '이이'라는 정식 이름을 갖게 되었다. 이 아이가 바로 위대한 학자 **율곡** 이이

**율곡**
이이의 호. 이이는 강릉 오죽헌에서 태어났으나, 호인 율곡은 이이가 후에 살았던 곳인 경기도 파주 율곡리에서 따온 것이다. 율곡은 밤나무가 많은 골짜기란 뜻이다.

선생이다.

이이는 어려서부터 어머니인 신사임당을 많이 따랐다. 진심으로 어머니를 무척이나 사랑하고 존경했다. 신사임당 역시 이이를 매우 아꼈다.

그러던 어느 날 이이에게 큰 아픔이 닥쳐왔다. 이이가 16세 때였다.

그때 이이의 아버지 이원수는 수운판관이란 벼슬을 하고 있었다. 수운판관은 곡식을 운반하는 일을 담당하는 벼슬이었다. 이원수는 그해 세금으로 거둔 곡식을 운반하기 위해 평안도로 가야 할 일이 생겼다. 큰아들 이선과 셋째 아들인 이이가 함께 가게 되었다.

곡식 운반을 마치고 배가 막 한강 마포 나루에 도착했을 때였다. 사람들이 모두 깜짝 놀라는 일이 벌어졌다. 가지고 다니던 짐 속의 유기그릇 색이 모두 붉게 변했던 것이다.

이이가 아버지에게 말했다.

"아버지, 그릇 색이 이상하게 변했습니다."

"무슨 좋지 않은 일이 있는 건 아닌지 모르겠구나. 어서 집으로 가자."

그때 마침 집에서 일하는 하인이 뛰어와 슬픈 소식을 전했다.

"마님께서 저세상으로 가셨습니다."

이이의 어머니 신사임당이 세상을 떠났다는 소식이었다.

이이는 하늘이 무너지는 것만 같았다. 이이는 그만 정신을 잃고 그 자리에 털썩 주저앉고 말았다. 어머니가 돌아가셨다는 사실, 이제 이 세상에 계시지 않는다는 사실이 믿겨지지 않았다.

'어머니가 해 주신 맛있는 음식도 이제 더 이상 먹을 수 없고, 따끔한 충고와 가르침도 더 이상 들을 수 없고, 늘 온화한 모습으로 나를 지켜봐 주시던 그 모습도 더 이상 뵐 수 없다니!'

이이는 어머니의 마지막 모습을 지켜보지 못했다. 어머니의 임종을 보지 못한 자식으로서의 죄책감이 몰려왔다.

"살아 계실 때 효도 한번 마음껏 못 해 보았는데 이렇게 하루아침에 돌아가시다니!"

이이는 그토록 사랑하고 존경했던 어머니가 이제 이 세상에 없다고 생각하니 세상에 혼자밖에 없는 것 같았다. 이이는 매일같이 어머니를 그리워하며 울었다. 살아 계실 때 효를 다하지 못한 자신이 너무 미웠고 후회가 파도처럼 밀려왔다.

이이는 살아 계실 때 다하지 못한 효도를 돌아가신 뒤에라도 하고 싶었다. 온 정성을 다해 장례를 치르고 파주 자운산 기슭에 어머니를 모셨다. 이이는 여기서 그치지 않고 **시묘 살이**를 시작했다. 어머니의 산소 옆에 움막을 짓고 생활한 것이다. 실제 어머니가 살아 계신 것처럼 어머니께 식사를 올리고, 그릇도 하인을 시키지 않고 직접 닦았다. 이렇게 정성을 다해 어머니 무덤 옆에서 3년간 지내며 못 다한 효를 실천했다.

**시묘 살이**
돌아가신 부모님의 묘 주변에서 묘를 관리하고 실제로 부모님이 살아 계신 것처럼 식사를 대접하며 모시는 일. 보통 3년 동안 한다.

어머니를 잃은 슬픔이 가시기도 전에 이이에게 또 한 번의 큰 슬픔이 찾아왔다. 어릴 때부터 이이를 사랑해 주셨던 외할머니가 위독하다는 소식이 전해진 것이다.

이이는 이 소식을 듣자 어머니가 돌아가셨을 때의 기억이 떠올랐다. 어머니의 마지막을 지키지 못했던 아픈 기억이 떠오른 것이다. 연세가 이미 90세나 되신 외할머니는 언제 돌아가실지 알 수 없었다. 이이는 하루라도 지체할 수가 없다고 생각했다.

그 무렵 이이는 **이조 좌랑**이라는 벼슬을 받았다. 이이는 곧 벼슬을 그만둔다는 **사직 상소**를 올렸다. 그리고는 임금의 허락도 받지 않은 채 강릉으로 급히 내려가 외할머니를 극진히 보살폈다. 어렸을 때 외가에서 살았던 이이는 자신을 매우 아껴 주셨던 외할머니에 대한 도리를 저버릴 수가 없었던 것이다.

그러자 **사간원**에서는 임금에게 이이를 비판하는 상소를 올렸.

'전하, 이이는 외할머니를 보살피기 위해 마음대로 자신의 직무를 저버렸습니다. 이에 이이는 벼슬을 그만두게 하는 것이 합당한 것으로 아옵니다. 부디 통촉하여 주시옵소서.'

하지만 당시 임금이었던 선조는 이를 물리쳤다.

"부모가 아니라 외할머니라고 하더라도 사람의 도리가 간절하면 어찌가 보지 않을 수 있겠소. 효행을 이유로 파직시키는 것은 너무 과한 듯하오."

이듬해 다시 이이는 외할머니를 모시기 위해 임금에게 사직하겠다고 상소를 올렸다. 하지만 선조 임금은 이를 허락하지 않았다.

"굳이 사직하지 않더라도 가끔씩 오가면서 돌봐 드릴 수 있지 않겠소."

선조 임금은 이조에 명령을 내렸다.

"관리가 외할머니를 뵙기 위해 휴가를 주는 것은 규정에 없지만 특별히 다녀올 수 있도록 하라."

벼슬을 그만두고서라도 외할머니를 보살펴 드리려고 하는 이이의 효심에 선조 임금도 탄복한 것이다.

예로부터 효는 백행의 근본이라 했다. 효가 모든 행동의 기본이 된다는 뜻이다. 이처럼 이이는 평생 효를 실천하면서 항상 올바르게 살려고 노력하였다.

**이조 좌랑**
조선 시대 정치 기관인 6조 가운데 관리의 인사를 담당하던 기관인 이조의 정6품 벼슬.

**사직 상소**
자신이 맡은 직무를 그만두겠다고 임금에게 올리는 글.

**사간원**
조선 시대에 언론을 담당했던 기관인 삼사의 하나. 사간원에서는 왕의 잘못을 지적하고, 잘못된 정치나 인사에도 관여하였다.

## 이이의 어머니, 신사임당

신사임당은 이이의 어머니로, 현모양처를 상징하는 사람으로 불리고 있다. 하지만 신사임당은 현모양처라기보다는 조선 중기의 대표적인 화가로, 시, 그림, 글씨에 모두 뛰어난 예술가였다.

신사임당은 1504년 신명화와 용인 이씨 사이의 다섯 딸 중 둘째로 태어났다. 어린 시절부터 총명했을 뿐만 아니라 글과 그림에 남다른 재주가 있었다. 신사임당이 그린 벌레 그림을 닭이 진짜인 줄 알고 쪼아 댔다는 일화가 전해질 정도이다. 신사임당이 어린 시절부터 재능을 마음껏 펼칠 수 있었던 것은 여자아이라고 차별하지 않고, 마음껏 글을 읽고 그림을 그릴 수 있도록 환경을 만들어 준 부모님 덕이 컸다. 신사임당은 조선 여인임에도 재능을 펼칠 수 있는 자유로운 환경 속에서 자라났던 것이다.

〈초충도-수박과 들쥐〉

〈초충도-가지와 방아깨비〉

신사임당은 '사임당'이라는 호를 자신이 지었다. 주나라 문왕의 어머니인 태임에 관한 글을 읽고 그를 인생의 스승으로 본받겠다는 의미였다. 태임은 성품이 올곧고 덕이 높아 많은 사람들에게 칭송을 받았던 사람이다.

신사임당은 1522년 19세 때 덕수 이씨 가문의 이원수와 결혼했으나 오랫동안 어머니를 모시고 친정살이를 했다. 조선 초기부터 신사임당이 살던 때까지는 친정에 사는 것이 보편적인 혼인 풍습이었다고 한다. 오늘날 우리가 알고 있는 것처럼 결혼을 하면 여성이 시댁에 들어가 살게 된 것은 조선 중기 이후의 일이다. 남편을 따라 한양과 파주에서 살기도 하였으나 강릉에서 지냈던 때도 많았다. 그래서 이이가 태어난 곳도 신사임당의 친정인 강릉이다.

신사임당은 모두 4남 3녀를 낳아 길렀는데, 현모양처로 일컬어지는 것은 그의 아들 이이 덕분이기도 하다. 셋째 아들인 이이는 훌륭한 학자이자 정치가로, 큰딸 이매창 역시 화가로 훌륭하게 길러 냈다.

여성의 사회 진출이 막혀 있던 조선 시대에도 신사임당은 뛰어난 그림 실력으로 명성이 자자했다. 주변의 작은 사물과 생명에 관심이 많았던 신사임당은 풀과 벌레 등을 사실적으로 그려 냈다. 대표적인 작품으로는 〈초충도〉 병풍이 있다. 신사임당은 당시에도 많은 이들의 칭송을 받았으며 오늘날에도 뛰어난 여성 예술가로 기억되고 있다.

신사임당 동상

# 2장
## 공부를 하는 이유를 묻다

서당에서 한창 공부하던 어떤 선비들이 옥신각신했다.

"자네는 왜 공부를 하는가?"

"그야 과거 시험에 합격하기 위해서지."

"과거 시험에 왜 합격하려고?"

"자네는 그걸 질문이라고 하는가? **과거 시험**에 합격해야 벼슬을 할 수 있지 않은가."

"공부하는 목적이 오로지 과거 시험에 합격하기 위한 것이라면 슬픈 일이지. 공부는 올바른 사람이 되기 위해 하는 것이 아닌가."

"자네는 그럼 벼슬을 할 필요가 없다는 말인가? 그런 이상한 말은 하지도 말게."

조선 시대 양반들의 목표는 나랏일을 하는 관리가 되는 것이었다. 관리가 되기 위해서는 과거 시험에 합격해야 했다. 그래서 대부분의 양반들은 어린 시절부터 과거 시험을 준비했다. 어려서는 《소학》이라는 책을 읽고 점점 더 자라서는 《대학》이나 《중용》 같은 책을 읽었다. 이러한 유학 책에서 과거 시험의 문제가 나오기 때문이었다.

과거 시험은 한 번에 끝나는 것이 아니었다. 여러 단계를 거쳐 가장 높은 단계의 시험에 합격해야 지위가 높은 관리가 될 수 있었다. 거의 평생을 과거 시험을 보기 위해 공부하는 선비들도 많았다. 많은 양반들이 공부를 열심히 하는 이유는 과거 시험을 보기 위해서였던 것이다.

**과거 시험**
조선 시대에 관리를 선발할 때 치르던 시험. 문관을 뽑는 문과와 무관을 뽑는 무과로 나뉘었다. 문과에는 예비 시험인 소과가 있었는데, 소과에는 생원시와 진사시가 있었고, 여기서 합격하면 하급 관리가 되거나 조선 최고의 교육 기관인 성균관에 입학할 수 있었다. 성균관에 들어간 뒤에는 대과를 보고 지위가 높은 관리가 될 수 있었다.

**《소학》**
중국 송나라의 유자징이 유학자 주자의 지시에 따라 편찬한 책. 주로 8세 안팎의 아이들에게 유학을 가르치던 교재였다.

**《대학》**
공자의 가르침을 담은 유교 경전인 사서의 하나. 《예기》라는 책의 한 편이었던 것을 송나라 학자인 사마광이 떼어서 《대학광의》라는 책을 만들고, 그 후 주자가 이를 고쳐 쓴 책이다.

**《중용》**
유교 경전인 사서의 하나. 공자의 손자인 자사가 지은 것으로, 중용의 덕과 인간의 본성에 대하여 설명한 책이다.

과거 시험을 위해서만 공부하는 것을 안타깝게 생각한 선비는 바로 이이였다. 이이는 어려서부터 열심히 책을 읽고 공부도 열심히 했다. 그러나 이이는 공부를 할 때 과거 시험에 얽매이지 않았다. 물론 이이 역시 과거 시험을 보고 급제를 하였지만, 반드시 과거를 보기 위해서만 공부하는 것은 아니었다. 당시에 대부분의 선비들은 과거 시험을 보기 위해 공부하던 터라 이이의 생각을 이상하게 여기는 사람이 많았다.

이이와 제자의 대화를 보면, 이이가 공부에 대해 어떤 생각을 갖고 있었는지를 알 수 있다. 이이가 나이가 많이 들었을 때, 한 제자가 물었다.

"선생님, 공부는 왜 해야 합니까?"

"글쎄, 매우 어려운 질문이구나. 분명한 것은 공부는 출세를 위해서 하는 것이 아니라는 점이야."

"과거에 급제하고 벼슬을 얻어 세상에 나아가는 것이 공부의 목적 아니옵니까? 출세하는 것이 목적이 아니옵니까?"

"물론 그것도 공부를 하는 목적 중 하나가 될 수 있지. 그렇지만 오직 그것만이 공부를 하는 목적은 아니야. 훨씬 더 중요한 목적이 있어."

"그것이 무엇이옵니까?"

"공부는 올바른 사람이 되기 위해서 하는 것이야. 올바른 사람이 되어 성인에 이르는 것이 목적이지."

"어떤 사람이 성인입니까?"

"공자와 맹자, 이런 분이 성인이지. 하지만 이분들만이 성인은 아닐세. 주변 사람들한테 많은 존경을 받는 사람은 모두 성인이라고 할 수 있지."

"저 같은 사람도 성인이 될 수 있는지요?"

"당연히 될 수 있지. 누구나 성인이 될 수 있네. 성인은 타고나는 것이 아니야. 꾸준히 공부하고 공부한 것을 반드시 실천에 옮기면 누구나 언젠가는 성인이 될 수 있어."

이이는 본래 인간의 마음은 선천적으로 모두 착하다고 여기는 **성선설**을 믿었다. 그래서 타고난 착한 본성을 키우면 모두가 성인이 될 수 있다고 생각했다.

"사실 저는 자신이 없습니다. 공자, 맹자와 같은 성인이 되는 것은 도저히 불가능할 것 같고, 주변 사람들한테 존경을 받는 사람이 되는 것도 어려울 것 같습니다."

"그렇지 않아. 누구나 성인이 될 수 있는 능력을 가지고 있어. 다만 어떤 사람은 자신을 믿지 못해 노력도 해 보지 않고 포기해 버리지. 이런 사람은 성인 근처에도 못 가고 말아. 반면 어떤 사람들은 자신을 믿고 꾸준히 노력하지. 바로 이런 사람들이 결국 성인이 되는 것이야. 그러니 털끝만큼도 나 자신을 의심하지 말고 노력해야 해."

"성인이 될 수 있다는 믿음을 갖는 것이 중요하다는 말씀인가요?"

"그래, 바로 그것이야."

이이는 성인이 되겠다는 마음으로 평생 공부하고 공부했다. 자신이 그렇게 살았기에 제자들에게도 항상 성인이 되기 위한 공부를 강조했다.

"그러면 선생님, 공부를 시작할 때 가져야 할 가장 중요한 생각은 무엇이옵니까?"

"당연히 입지(立志)이지. 다시 말해, 먼저 뜻을 세워야 한다는 말이다."

"입지, 너무 어려운 말인 것 같습니다."

"그렇지 않아. 입지란 내가 어떤 사람이 될 것인지에 대해 목표를 세우는 것이야."

"어떤 목표를 말씀하시는 것인지요."

"열심히 공부하고 공부한 것을 실천해서 성인이 될 것이라고 스스로에게 약속하는 것이지."

"입지가 그렇게 중요한 것입니까?"

"그렇지. 먼저 목표를 세우지 않으면 왜 공부를 해야 하고, 무엇을 해야 하는지를 알 수 없기 때문이네."

"잘 알겠습니다. 그래서 선생님께서 지으신 《격몽요결》이나 《성학집요》와 같은 책에서 한결같이 입지의 중요성을 강조하셨군요."

**성선설**
사람의 본성은 선천적으로 착하나 나쁜 환경이나 재물에 대한 욕심으로 악하게 된다는 학설. 중국의 맹자가 주장하였다.

**《격몽요결》**
1577년에 이이가 지은 어린이용 학습서. 학문을 시작하는 사람들을 위해 지은 책이라고 할 수 있다.

**《성학집요》**
1575년에 이이가 임금이 지켜야 할 도리와 배워야 할 학문 내용을 정리한 책. 선조에게 바쳤다.

제자가 또 물었다.

"선생님, 공부는 언제까지 해야 하나요?"

"죽을 때까지 해야 하네. 죽은 후에야 비로소 공부가 끝나는 것이지."

"과거 시험에 합격하고 벼슬을 얻으면 중요한 공부는 끝이 난 것이 아닌가요?"

"시험에 합격했다고 해서 공부가 끝이 나는 것은 아니야. 앞에서도 말했지만, 공부의 목적은 벼슬을 얻는 데 있는 것이 아니란 말일세. 성인이 되는 것이 목표인데, 죽을 때까지 공부를 하고 자신을 다듬어야만 성인이 될 수 있지."

"그러면 벼슬자리에 오르면 벼슬을 하는 데 필요한 공부를 하는 것이 좋은가요?"

"물론 벼슬자리에 올라 맡은 일을 훌륭하게 해내는 데 필요한 공부도 해야 하지만, 더 중요한 것은 그것과 상관없이 성인의 가르침을 받고 끊임없이 실천하며 성인이 되는 공부를 하는 것이야."

"평생 동안 공부를 하는 것은 너무나 어려운 일 같습니다."

"당연히 어렵지. 어렵지만 해야 하는 것이야. 만약 이렇게 하지 않으면 부모님이 물려주신 소중한 몸을 죽이고 욕되게 하는 것이니 자식의 도리가 아닐세."

이이와 제자의 질문과 대답은 계속 이어졌다. 이이는 제자에게 공부를 하는 목적과 공부하는 사람이 가져야 할 마음가짐에 대해 가르치고 싶었다.

"선생님, 저는 나름대로 공부를 열심히 하는데 별로 성과가 나타나지 않는 것 같습니다."

"공부를 했는데 별로 성과가 없다고 쉽게 포기하는 경우가 있지. 예를 들어 열심히 공부한 것 같은데 과거 시험에서 자꾸 낙방을 하는 경우 말일세. 공부는 하루아침에 그 성과가 나타나지 않아. 성과를 너무 바라는 것 또한 욕심일 뿐이야. 꾸준히 공부하면 점차 그 효과가 나타나서 결국에는 큰 성과를 얻게 되는 것이지."

"선생님은 몇 번이나 과거 시험에 합격하셨는지요?"

"13세에 소과인 진사시에 합격을 하고 21세 때에 **한성시**에 장원으로 합격을 했어. 23세 때에는 **별시**에서 장원으로 합격했고, 29세 때에는 대과에서 장원으로 합격을 했지. 지금까지 과거 시험에서 아홉 번 장원 급제를 해서 사람들은 나를 보고 '구도장원공'이라고 부르기도 하네."

이이는 어릴 때부터 천재성을 가지고 있었다. 물론 그에 걸맞게 열심히 공부했다. 이이는 타고난 천재성과 노력으로 과거 시험에서 늘 좋은 성적을 거두었다.

"선생님이 23세 때 장원으로 뽑힌 글이 '**천도책**'이라고 하던데 어떤 내용인가요?"

"여러 학자들의 생각을 종합하여 성리학의 중요한 문제에 대해 내 나름대로 정리한 글이지."

"대과에 장원으로 급제했을 때 임금님을 뵈었나요?"

"임금님(조선 13대 왕 명종)께서 부르시더니 나한테 시를 한 수 지으라고 하시더군."

"어떤 시를 지으셨나요?"

"벼슬을 하는 이유에 대한 시를 지었지. 벼슬을 하는 이유는 남한테 잘 보이기 위한 것도 아니고 높은 자리에 오르기 위한 것도 아니라 나라를 위한 것이라는 점을 말씀드렸지. 그리고 벼슬을 할 때는 모든 일에 신중해야 한다고 말씀드렸네."

"임금님이 그 시를 보시고 어떤 말씀을 하셨나요?"

"매우 훌륭한 시라고 말씀하시면서 상을 내리시더군. 황송할 따름이지."

"그러면 선생님은 시험에서 떨어진 일은 없으셨나요?"

"거의 없지만 나도 시험에서 떨어진 일이 있어."

"그때 참 힘드셨겠습니다."

"물론 힘들었지. 크게 실망했고. 아무리 열심히 공부하고 실제로 공부를 잘한다고 하더라도 시험에 떨어지는 경우는 얼마든지 있을 수 있어. 그때

**한성시**
조선 시대에 한성부에서 실시하던 과거 시험.

**별시**
조선 시대에 나라에 경사가 있을 때나 인재가 필요할 때에 실시한 임시 과거 시험.

**천도책**
이이가 23세 때 겨울에 있었던 별시에서 장원 급제한 글. 천도책(天道策)이란 천체와 기상 현상 등 '자연의 질서에 대한 이치'를 담은 글로, 성리학에서 바라본 우주관을 담고 있다. 이 글은 명나라에도 알려졌다고 한다.

무슨 생각을 하느냐가 중요하네. 힘들었지만 나 자신을 믿고 더 열심히 공부해야겠다고 다짐했지."

"그 무렵에 퇴계 이황 선생님이 편지를 보내셨다면서요."

"그랬지. 언젠가 퇴계 선생님이 내가 보낸 편지에 답장을 하셨는데 이런 말씀을 하시더군. 너무 이른 시기에 과거에 급제하는 것은 바람직하지 않다고 하셨네. 이번에 실패한 것은 자네가 더 큰일을 할 수 있도록 하기 위한 하늘의 뜻이라고 하시더군. 편지를 받고 더 열심히 해야겠다는 생각을 했지."

"선생님, 공부하는 사람은 어떤 자세를 가지고 있어야 하나요?"

"공자님은 예가 아니면 보지도 말고 듣지도 말 것이며, 말하지도 말고 행동해서도 안 된다고 하셨지."

당시 공자는 유학을 공부하는 많은 선비들의 우상이었다. 공자처럼 되는 것이 선비들의 꿈이었다. 그래서 공자의 말씀을 담은 책을 읽고 또 읽고 그것을 실천하려고 했다.

"올바른 몸가짐을 가져야 한다는 것을 강조한 것입니까?"

"그렇다고 할 수 있지. 무엇보다 평소 올바른 모습을 지니고, 올바른 생각을 가지는 것이 중요하네."

"좀 더 자세히 말씀해 주시면 좋겠습니다."

"공부하는 사람은 항상 아침 일찍 일어나고 밤늦게 자야 하네. 옷은 바르게 입어야 하고, 얼굴빛은 엄숙해야 하고, 걸음걸이는 얌전해야 하네. 경솔하게 행동하지 않고 의젓한 몸가짐을 가져야 하네."

"잘 알겠습니다, 선생님."

"강조하네만, 무엇보다 내가 왜 공부를 하는지를 생각해야 하네. 나를 의심하지 말고 나도 얼마든지 훌륭한 사람이 될 수 있다고 생각해야 하네. 이런 마음으로 하루하루 열심히 공부하고, 공부한 것을 실천하면 반드시 훌륭한 사람이 될 수 있을 것이네."

이렇게 이이는 항상 바른 마음가짐을 갖고 평생을 공부하여 뛰어난 학자가 될 수 있었다.

## 중국의 사상가들

중국의 춘추 전국 시대(기원전 8세기~기원전 3세기)에는 많은 사상가들이 활동했다. 유교의 기원을 이룬 공자를 비롯하여 당시의 사상가들과 그들의 학문은 오랫동안 중국과 우리나라를 포함한 동아시아에 큰 영향을 끼쳤다.

**공자** (기원전 551 추정~기원전 479 추정)

중국의 노나라에서 태어나 활약한 사상가로 본명은 '구'이다. 유교의 시조라 할 수 있다. 평생 동안 사람이 지켜야 할 도리로 '인(仁)'과 '예(禮)'를 강조했으며, 많은 제자를 길러 냈다. 공자의 사상을 가장 잘 알 수 있는 책으로 《논어》가 있다. 《논어》는 공자가 직접 지은 것이 아니라 공자의 제자들이 공자의 가르침과 행적을 모아 놓은 책이다.

**맹자** (기원전 372 추정~기원전 289 추정)

맹자는 공자가 죽고 나서 100년 정도 뒤에 중국 추나라에서 태어났다. 맹자의 성은 '맹'이며 이름은 '가'이다. 일찍 아버지를 여의고 교육에 열심인 어머니 슬하에서 자랐다. 어머니가 아들인 맹자

의 좋은 교육 환경을 위해 이사를 세 번이나 했다고 하여 '맹모삼천지교'라는 말이 있다. 맹자는 '인의(仁義, 어짊과 의로움)'의 덕을 바탕으로 하는 왕도 정치(王道政治)를 강조했다. 그리고 인간은 타고날 때에는 본래 착하다는 성선설을 주장했다. 말년에 고향으로 돌아와 제자들과 함께 《시경》과 《서경》 등을 읽고 공자의 정신에 대해 토론했으며, 그때 만들어진 책이 오늘날 전해지는 《맹자》 7편이다.

### 순자 (기원전 298 추정~기원전 238 추정)

중국 조나라에서 태어났다. 맹자의 성선설(性善說)을 비판하며 성악설(性惡說)을 주장한 것으로 잘 알려져 있다. 즉, 사람은 나쁜 품성을 가지고 태어나는데 교육을 통해 이것을 바로잡아야 한다고 생각했다. 순자의 언행을 모아 놓은 책이 《순자》이다.

### 노자 (출생~사망 미상)

중국의 초나라에서 태어난 사상가로, 본명은 '이이'이다. 도가 철학의 시조이다. 유교에서 강조한 '인의'를 바탕으로 한 도덕보다는 무엇을 하고자 하는 욕구를 버리고 자연스럽게 사는 것을 강조한 '무위자연(無爲自然)'설을 주장했다.

# 3장
## 사람을 만나 배운다

1558년, 어느 따스한 봄날이었다.

이이는 경상도 성주를 향해 길을 나섰다. 지난해 가을에 성주 사람인 곡산 노씨와 결혼한 터라 장인어른을 뵙기 위해 처가에 가는 길이었다. 한양에서 성주까지는 너무나 먼 거리였다. 먼 길을 가려 하니 조바심이 났다. 이이는 가는 길에 이러한 심정을 담은 시를 썼다.

나그네 길을 나서니 봄이 절반이 지났구나.
말을 갈아타는 역관을 지나려 하니 하루해가 저무는구나.
타고 가는 나귀는 어디에서 죽을 먹여야 하나.
저 멀리 연기 피어나는 집이 보이는구나.

이이는 장인어른을 뵙고 나서 강원도 강릉의 외가에 가야 했다. 성주에서 강원도 강릉으로 올라가는 길목에는 예안(오늘날의 안동시 예안면)이 있다. 예안에는 당대 최고의 학자였던 퇴계 이황이 살고 있었다. 강릉으로 가는 길이 멀었지만 이이는 이황을 꼭 만나고 싶었다.

'여기까지 왔는데 퇴계 선생님을 뵙고 가야지.'

이이는 바쁜 걸음으로 이황을 만나러 예안으로 향했다. 이이가 이황을 찾아갔을 때 이이의 나이는 23세, 이황의 나이는 58세였다. 이이는 당시 천재로 이름을 떨치던 사람이고, 이황은 당시에 가장 존경받는 학자였다.

"선생님, 지나던 길에 인사드리러 왔습니다."

"어서 오시오."

"벌써 인사를 드렸어야 하는데, 이제 오게 되어 죄송스럽습니다."

"별말씀을요. 이 먼 곳까지 찾아와 주어 정말 고맙소."

이황은 이이를 매우 반갑게 맞이했다. 천재로 이름을 날리던 젊은 청년이 직접 찾아와 준 것에 대한 고마움도 있었지만, 서로 공부에 대해 이야기를 나눌 수 있다는 생각에 가슴이 벅찼다.

"오시느라 피곤할 테니 좀 쉬시고 차나 한 잔 하시지요."

"예, 선생님."

두 사람은 서로의 만남을 기뻐했다. 저녁 무렵에 두 사람은 자리를 함께 했다. 두 사람은 공부를 하면서 궁금했거나 중요하게 생각했던 문제에 대해 밤이 깊어 가는 줄 모르고 토론했다. 대화가 무르익자, 이이는 한때 자기가 금강산에 들어가 불교 공부를 했던 일도 솔직하게 털어놓았다. 조선

시대는 '숭유억불', 즉 유교를 숭상하고 불교를 억누르던 시대였다. 따라서 선비가 불교 공부를 하는 것을 좋지 않게 생각했다.

"선생님, 저는 어머님이 돌아가시는 것을 보고 삶과 죽음의 문제에 대해 깊이 생각한 적이 있습니다. 결국 금강산에 들어가 불교를 공부하기까지 이르렀습니다. 거기에 대해 어떻게 생각하시는지요?"

"불교 공부에서도 얻을 것이 많이 있겠지요. 하지만 유교의 가르침이 소중하니 유교 공부에 더 충실하면 좋겠소."

"예, 잘 알겠습니다. 저도 그때의 일을 반성하고 있습니다. 선생님의 말씀을 들으니 한결 마음이 가벼워집니다."

"이 공은 아직 젊소. 아직 공부하기에 늦지 않았소. 자신의 잘못을 깨닫고 방향을 바로잡은 것만 보아도 이 공은 앞으로 큰 인물이 될 것이오."

이황과의 토론에서 많은 것을 깨우친 이이는 이황에게 감사하는 마음을 담은 시를 한 수 지어 올렸다. 이에 이황은 역시 시로 답했다. 서로 시를 나누며 마음을 전했던 것이다.

"이 공을 만나서 이야기를 나누니, 내 가슴이 상쾌해집니다. 이 공의 명성이 결코 과장된 것이 아니었군요. 앞으로 더 열심히 공부하여 더 큰 것을 이루도록 합시다."

"예, 감사합니다. 선생님."

원래 이이는 하루 정도 머물고 가려 했으나 그날따라 비가 쏟아지는 바람에 2~3일 더 머무르게 되었다. 그 덕에 이이와 이황은 짧은 시간이었지만 몇 차례 더 만나 공부와 삶에 대해 이야기를 나눌 수 있었다.

"선생님, 이제 가 봐야 되겠습니다."

"벌써 떠나려 하오?"

"원래 하루 정도 머무를 생각이었습니다만 비가 많이 내렸고 선생님 말씀도 더 듣고 싶어 며칠 더 머무른 것입니다."

"아쉽구려. 강릉까지는 먼 길이니 조심해서 가시오. 그리고 앞으로 종종 소식을 주고받읍시다."

"예, 꼭 그렇게 하겠습니다. 부디 건강하시길 빕니다."

이황이 이이를 매우 아끼는 모습을 보고 이황의 제자들이 시샘을 했다. 이이가 떠난 뒤에 제자들이 이이의 시를 보면서 험담을 하기도 했다.

"선생님, 그 사람이 이 시보다 못한 것 같습니다."

"아닐세. 이 시가 그 사람보다 못하네."

이처럼 이황은 이이가 쓴 시도 훌륭하지만 이이의 사람됨과 학문이 더 훌륭하다고 칭찬을 했다. 이이가 떠난 뒤에 이황은 평소 아끼던 제자인 조목에게 편지를 보냈다.

일전에 율곡이 나를 찾아왔네. 짧은 만남이었지만 많은 이야기를 나누었지. 그 사람의 지식과 견문이 넓고 사람됨이 매우 훌륭했네. 공자님이 선배보다 후배가 두렵다고 하셨는데 그 말씀이 거짓이 아니었네.

이이는 강릉으로 돌아간 후에 그해에 몇 차례나 이황한테 편지를 보내고 시를 지어 보냈다. 주로 공부에 대해 궁금한 것을 묻는 내용이었다. 이황도 이이의 질문에 대해 꼬박꼬박 의견을 보냈다. 하루는 더 열심히 공부하기를 권하는 시를 써서 보냈다.

> 벼슬을 그만두고 조용한 시골에 돌아와 길을 잃고 있었는데,
> 조용한 곳 틈바구니에서 한 줄기 빛을 겨우 보았다네.
> 그대도 젊을 때 바른 길을 따르도록 권하니,
> 조용한 시골에 들어갔다 하여 너무 슬퍼하지 말게나.

이렇듯 이이에게 큰 힘이 되었던 이황은 70세로 세상을 떠났다. 1570년 12월이었다. 그날따라 차가운 바람이 세차게 불었다. 차가운 바람만큼이나 이이의 마음도 싸늘했다.

"참으로 슬프도다. 나를 존중해 주시고 나에게 많은 가르침을 주셨는데……."

이황이 세상을 떠났다는 소식을 들은 이이는 마치 부모님이나 스승이 돌아가셨을 때처럼 예를 다했다. 이이는 죽은 이를 위한 글인 **제문**을 써서 보냈다.

**제문**
죽은 사람을 위해 쓰는 글. 그 사람이 어떻게 살아왔는지를 기록하면서 추모하는 내용을 담는다.

제가 학문의 길을 잃고 방향을 잡지 못해 마치 사나운 말이 가시밭과 황무지를 마구 달리듯 했는데, 선생님께서 수레를 돌리게 하시고 길을 바로잡아 주셨습니다. 선생님께서 벼슬을 그만두시고 학문에 전념하신 것처럼 저도 선생님을 따라 벼슬을 그만두고 공부에 열중하며 선생님께 많은 것을 배우려 했습니다. 하지만 제 뜻대로 되지 않았습니다. 하늘이 허락하지 않아 위대한 분이 갑자기 가셨습니다.

　이이는 이황을 만나 가르침을 얻은 것처럼 자신에게 가르침을 줄 수 있는 사람을 적극적으로 찾아다니며 많은 사람을 만났다. 책상 앞에만 앉아 있는 것이 아니라 활발하게 선배나 친구들을 찾아다니며 묻고 배웠다. 단순히 자신의 학식을 자랑하거나 친분을 갖기 위한 것이 아니었다. 이이는 사람을 만날 때에는 그 사람에게 머리를 숙이고 진심으로 대했다.

　이이는 23세 때 63세인 임억령이란 사람을 만나기도 했다. 임억령은 산속에서 자연을 벗 삼아 사는 선비로, 한양에서 멀고 먼 전라도 해남에 살고 있었다. 이이는 임억령을 찾아가 자신을 낮추고 가르침을 줄 것을 부탁하는 시를 읊었다.

자리에 앉아 가르침을 받으니
같은 시대에 살아서 참 다행스럽구나.
평생에 무릎 꿇지 않았는데
오늘에야 그대 앞에 무릎 꿇는다오.

"그대는 정말 대단한 인물이오. 이 먼 곳에 있는 사람에게 배움을 청하다니······."

임억령은 자신에게 가르침을 청하는 이이를 보고 놀라움을 금치 못했다. 임억령과 이이는 나이 차이가 많았지만 진심으로 서로 존경하며 학문을 나누었다.

이이는 장인어른을 만나러 경상도 성주에 갔을 때 이문건이란 사람을 만나기도 했다. 이문건은 학문과 문장이 뛰어난 인물이었으나 당파 싸움에 희생되어 성주에 유배를 와 있었다.

"이이 선생, 아니 어인 일이오?"

"마침 장인어른을 뵈러 왔다가 선생님께 가르침을 받으러 왔습니다."

"내가 무슨 가르침을 드릴 게 있겠소. 그리고 나는 당파가 다르지 않소?"

"당파가 다르면 어떻습니까? 배움이 있다면 저는 개의치 않습니다."

이이는 가르침을 받을 수만 있다면 장소나 시간을 따지지 않았다. 남녀노소를 따지지도 않았다. 나와 가까운 사람이냐 아니냐를 따지지도 않았다. 찾아가서 진심으로 가르침을 청하고 그 가르침을 소중히 여겼다. 결국 아름다운 만남을 이루고, 소중한 가르침을 깊이 새겼다. 이이는 사람을 만나 배운다는 것을 깊이 실천한 사람이었다.

## 퇴계 이황

이황은 1501년(연산군 9)에 태어나 1570년(선조 3)에 세상을 떠난 조선의 대표적인 성리학자로, 호는 퇴계이다.

이황은 경상도 예안현에서 좌찬성 이식의 7남 1녀 중 막내아들로 태어났다. 1527년(중종 22) 향시에서 진사시와 생원시 초시에 합격하고, 성균관에 들어가 공부했으며, 1534년 문과에 급제하면서 관리의 길에 들어섰다. 이황은 단양 군수, 성균관 대제학 등의 벼슬을 하면서 업적을 많이 쌓았고 많은 백성들로부터 존경을 받았다.

도산 서원

이황은 임금의 부름을 많이 받았지만 당쟁을 보면서 정치에 대한 미련을 접고, 고향에 내려가 학문을 연구하고 제자를 길러 내는 데 힘을 쏟았다. 1560년에 고향에 도산 서당을 짓고 이때부터 7년간 도산 서당에서 공부를 하면서 많은 제자를 길러 냈다. 제자들에는 류성룡, 김성일, 조목 등 당대에 이름을 떨친 학자와 관료가 많았다. 이황이 세상을 떠난 후에는 제자들이 이황을 기리기 위해 1574년에 도산 서원을 지었다.

이황은 주자의 책을 요약한 《주자서절요》, 자신을 스스로 돌아보기 위한 책인 《자성록》, 왕이 읽어야 할 교과서 같은 책인 《성학십도》 등 많은 책을 썼다. 《성학십도》는 선조가 성군이 되기를 바라는 마음에서, 왕이 배워야 할 성리학의 도리를 글과 그림으로 설명한 책이다. 이황은 '도산십이곡'을 비롯하여 시도 많이 남겼다.

이황의 학문에 대한 연구는 오늘날에도 많이 이루어지고 있다. 1970년 서울에 퇴계학 연구원이 창립되었고, 경북대학교에 퇴계 연구소가 부설되었는가 하면, 일본 도쿄에도 이퇴계 연구회가 설립되었다.

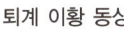

퇴계 이황 동상

# 4장
## 매일 자신을 되돌아보라

어느 이른 봄날, 아직 불어오는 바람이 차갑게 느껴지는 계절이었다.

그날따라 이이의 마음속에도 차가운 바람이 세차게 불었다. 어머니를 여읜 고통이 아직도 채 가시지 않았던 것이다. 돌아가신 지 3년이 지났지만 아직도 온 마음에 어머니의 모습이 자리 잡고 있었다.

'어머니, 너무나도 뵙고 싶습니다. 소자, 아직도 갈 길을 찾지 못하겠습니다.'

당시 19세였던 이이는 조용히 봇짐을 싸서 금강산으로 향했다. 절에 들어가서 불교 공부를 하며 어머니를 잃은 고통에서 벗어나기 위해서였다.

금강산에 들어간 이이는 불교 공부도 하고 자신의 삶에 대해 많은 생각을 했다.

하루는 깊은 골짜기에 사는 나이 많은 스님을 찾아 나섰다. 스님은 조그마한 암자에서 혼자 도를 닦고 있었다.

"스님은 여기에서 무엇을 하고 계십니까?"

"선비는 여기까지 무슨 일로 오셨소."

"불교와 유교에 대해 스님의 생각을 듣고 싶어서 왔습니다."

"무엇이 그렇게 궁금하시오?"

"불교의 가르침과 유교의 가르침이 다른 것입니까? 제가 보기에는 별로 다르지 않은 것 같습니다."

"그러면, 유교에서도 마음이 곧 부처라는 말이 있소?"

"예, 있습니다. 공자와 맹자의 말씀에서도 그와 비슷한 내용을 찾을 수 있습니다."

"그러면 불교와 유교는 같은 것이라는 말씀이시오?"

"그렇지는 않습니다. 하지만 불교와 유교의 가르침 중에서 그 핵심은 같은 것이 많다는 말입니다."

"그대 말이 옳소. 그대는 보통의 선비가 아니로군요."

이렇게 스님과 대화를 나눈 뒤 혼자 많은 생각을 하면서 이이는 스스로 가르침을 얻었다.

"금강산에 들어온 지 벌써 1년이 다 되어 가는구나. 나는 여기에서 무엇을 배웠지? 나는 왜 이곳에 있는 걸까?"

이이는 혼잣말로 중얼거렸다.

"짧은 시간이지만 이곳에 와서 많은 것을 깨달았다. 하지만 내가 가야

할 길은 이곳에 있는 것이 아니다. 이제 세상에 내려가서 내 길을 찾아가야겠다."

이이는 곧 짐을 싸서 외가가 있는 강릉으로 내려왔다.

'사람은 때로 방황을 하지만 그때그때 판단을 잘 내려야 한다. 자칫하면 잘못된 길을 선택해서 부질없이 시간을 보낼 수 있어.'

외가에 머무르면서 이런저런 생각으로 골몰하던 이이는 이윽고 한 가지 중요한 결정을 내렸다.

"앞으로 내가 가야 할 길에 대해 글로 새겨서 매일같이 보면서 내 자신을 되돌아보는 것이 좋겠어."

이렇게 결심한 이이는 스스로 다짐하는 글이란 뜻의 '자경문'이라는 글을 지었다.

이이는 자경문에 어떤 내용을 쓸지 여러 날 고민했다.

"인생을 살아가면서 가장 중요한 것은 무엇일까?"

"그래. 먼저 큰 뜻을 세우는 것이 중요해."

그래서 자경문의 1조는 '입지(立志)'라고 하여 성인이 되겠다는 뜻을 세우겠다고 다짐했다.

"그다음에는 무엇이 중요할까?"

"그리고 그다음은?"

이렇게 해서 이이는 모두 11개로 이루어진 자경문을 만들어 인생을 살아가는 데 지켜야 할 지침으로 삼았다.

1조. 성인이 되겠다는 뜻을 세우고 꾸준히 노력하라.
2조. 마음을 안정되게 하기 위해 말을 적게 하라.
3조. 정신을 가다듬고 무슨 일을 하든지 집중해서 최선을 다하라.
4조. 혼자 있을 때에도 행동을 조심하라.
5조. 앉아서 글만 읽는 것은 잘못이다. 글을 읽는 이유는 옳고 그름을 살펴 실천하는 데 있다. 일이 있을 때에는 먼저 일을 처리하고 글을 읽는다.
6조. 재산이나 명예에 마음을 두어서는 안 된다.
7조. 꼭 해야 할 일은 싫어하거나 게으름을 피우지 말고 정성껏 한다.
8조. 천하를 얻더라도 단 하나라도 옳지 않은 방법으로 얻어서는 안 된다.
9조. 나를 해치는 사람이 있을 때는 먼저 나의 행동을 뉘우치고, 참된 마음으로 상대방의 마음을 돌리려고 해야 한다.
10조. 함부로 눕지 않고, 비스듬히 기대지도 않으며, 필요 없는 잠을 자지 않는다.
11조. 공부는 죽은 뒤에야 끝나는 것으로 서두르지도 말고 늦추지도 말아야 한다.

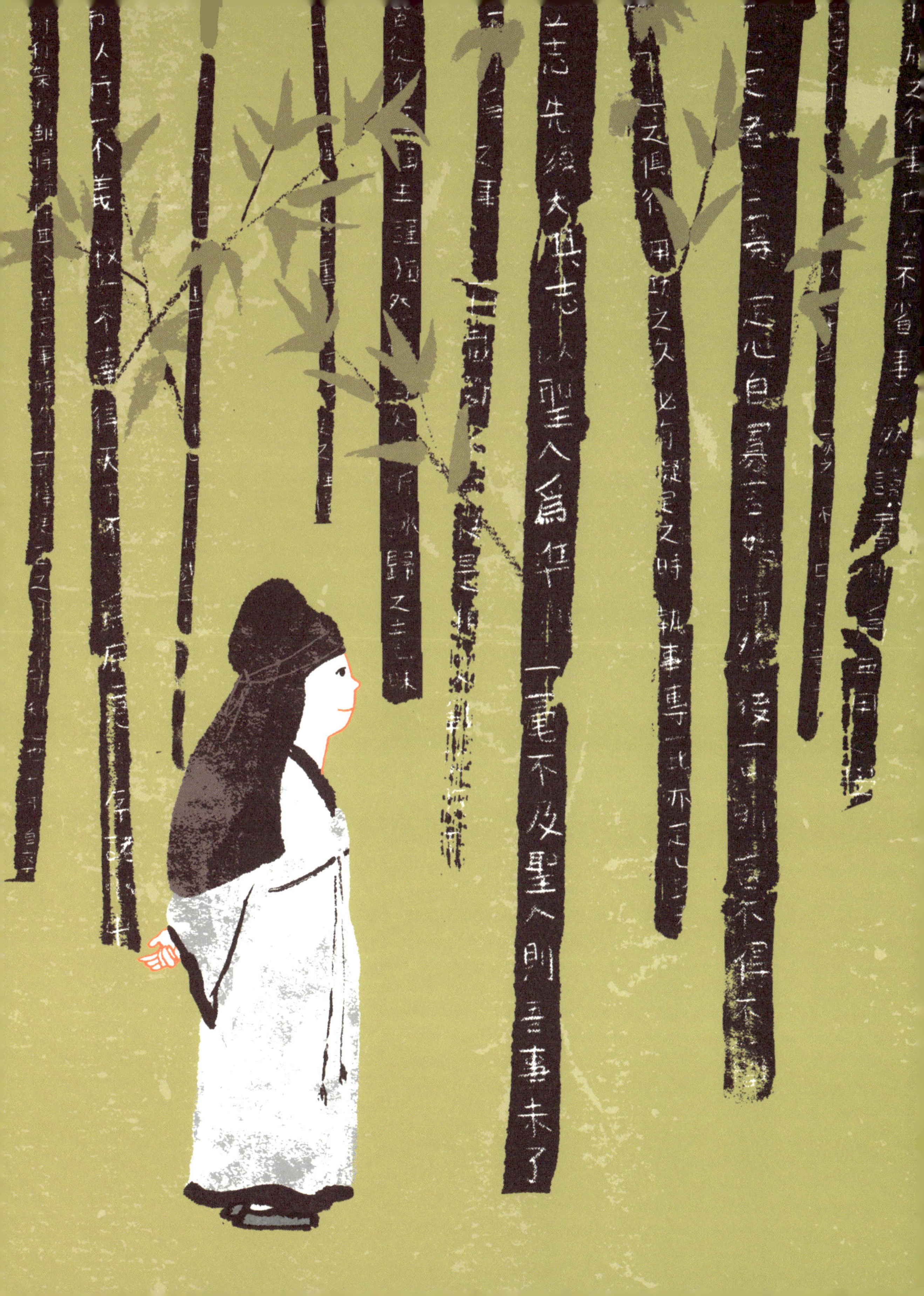
志 先須大其志 以聖人爲準 則一毫不及聖人 則吾事未了

'혼자 있을 때에도 행동을 조심하라.'

이이는 자경문에서 네 번째로 이 말을 넣었다. 이이는 생각했다.

'사람이 혼자 있을 때에는 몸가짐이 흐트러지기 쉽다. 바른 자세로 앉아 있지 않을 수도 있고 또한 딴짓을 할 수도 있다.'

다른 사람과 함께 있을 때에는 다른 사람들의 눈치를 보면서 점잖은 척하다가도 혼자 있을 때에는 이내 흐트러지는 사람이 많은데 그러지 말아야 한다는 것이다.

이어 5조에는 글 읽기의 자세에 대한 내용을 넣었다. 앉아서 글만 읽으면 훌륭한 사람이 된다는 생각을 하는 사람이 있지만, 자신에게 주어진 일을 하지 않고 글만 읽어서는 안 된다는 뜻이었다.

이이는 중얼거리듯이 말했다.

"새벽에 일어나서는 아침에 할 일을 생각하고, 아침 식사 뒤에는 낮에 할 일을 생각하며, 잠자리에 들어서는 내일 할 일을 생각해야 한다. 일이 없을 때에는 마음을 놓고 쉬되, 일이 있을 때에는 반드시 올바르게 처리하기 위한 것이다. 글을 읽는 까닭은 옳고 그름을 구별하여 일을 올바르게 처리하는 데 있다. 자신에게 주어진 일은 살펴보지 않고 똑바로 앉아 글만 읽는 것은 쓸모없는 것이다."

이이는 자경문을 쓴 이후 매일같이 자경문을 마음속에 담아 두고 실천하려고 했다.

그로부터 몇 해의 세월이 지났다. 어느 날 한 제자가 자경문을 보고 이이에게 물었다.

"선생님, 선생님은 항상 이런 것을 실천해 오셨습니까?"

"아닐세. 돌이켜 보면 나도 잘못한 것이 많아. 때로는 게을리하기도 했고 잘못된 생각을 하고 잘못된 판단을 했을 때도 있지."

"언제 그러셨나요?"

"한두 번이 아니라 인생을 살아오면서 종종 그랬네. 하지만 잘못된 일을 되돌아보면서 나 자신을 다시 새롭게 하려고 노력했지."

"선생님은 스스로의 마음을 다잡는 시를 쓰신 적도 있다고 하셨는데, 어떤 시였나요?"

"25세 때였지. 새로운 마음을 기약하는 시였네."

스물다섯 해 동안
잘못된 꿈속에 빠져 취했었네.
어제의 잘못 되돌아보니
놀랍고 두렵기만 하구나.
나 이제 단호히 맹세하노니
저 높이 하늘에서 응당 듣고 보시리라.

이처럼 이이는 한평생 자신을 되돌아보았다. 매일 자신의 삶에서 반성할 점을 생각하고, 새로운 다짐을 했다.

# 5장
## 친구, 내 소중한 친구

"아버님, 웬일로 오늘 상복을 입고 계십니까? 누가 돌아가신 날입니까?"

"그래, 내 친구가 저세상으로 떠난 날이란다."

"어느 분을 말씀하시는 것입니까?"

"내 평생의 가장 소중한 친구이자 스승이라 할 수 있는 율곡이란다."

이 대화는 **성혼**이 그의 아들과 주고받은 것이다.

"율곡은 500년에 한 번 나오기 어려운 참으로 뛰어난 인물이다. 내가 젊어서 율곡과 토론할 때, 친구라 생각하여 서로 주장을 고집하기도 하였는데 나이가 들어 생각해 보니 율곡은 참으로 나의 스승이었다. 나를 참 많이도 깨우쳐 주었다. 친구로서 율곡이 세상을 떠난 날을 기려 매년 상복을 입으려 한다."

이이가 세상을 떠나자 이이의 평생 친구였던 성혼은 이이를 그리워하며 이렇게 말했다. 친구가 떠난 날을 기리기 위해 자신이 매년 상복을 입겠다는 것이다.

성혼의 호는 우계이다. 우계라는 호는 성혼이 살고 있던 경기도 파주의 마을 이름에서 딴 것이다. 젊었을 때 이이 역시 파주에 살았는데 두 사람은 그리 멀지 않은 거리에 살고 있어 자연스럽게 만날 수 있었다. 그리고 이이는 평소 성혼의 아버지인 **성수침**을 존경하여 친분을 맺고 있어, 자연스럽게 성혼을 만날 수 있었다.

성혼과 이이, 두 사람의 인연은 1554년에 시작되었다. 이 무렵 이이는 어머니가 돌아가셔서 파주에 묘를 쓰고 어머니의 묘 옆에 움막을 짓고 시묘 살이를 하고 있었다. 당시 이이는 19세, 성혼은 20세로 성혼이 이이보다 한 살 위였다.

성혼이 이이에게 말했다.

"그대는 나보다 학문이 뛰어나니 앞으로 내가 스승으로 모시겠네."

"아닐세, 무슨 소리인가. 공부는 내가 조금 나을지 몰라도 인품은 그대

**성혼**
조선 중기의 문신이자 학자로 호는 우계이다. 지은 책으로 《우계집》이 있다.

**성수침**
조선 중기의 학자. 1519년 기묘사화 이후 벼슬을 그만두고 학문에 전념했으며, 명필로 이름을 떨쳤다. 지은 책으로는 《청송집》이 있다.

가 더 훌륭하네. 앞으로 친구로 지내세."

성혼은 이이보다 나이도 한 살 많고 학문도 상당히 높은 수준에 있었지만 겸손하게 말했던 것이다. 이렇게 이이와 성혼의 만남은 서로의 장점을 인정해 주고 서로 존중하는 마음에서부터 시작됐다. 첫 만남에서부터 두 사람은 앞으로 더 깊이 만나며 공부를 열심히 하여 성현이 되자고 서로에게 다짐했다. 진정한 친구의 만남이 시작된 것이다. 이때부터 두 사람은 평생 동안 가장 가까운 친구로 지냈다.

이이와 성혼은 서로 만나지 못하는 상황에서는 편지로 서로의 안부를 묻고 공부한 것에 대해 토론을 벌였다. 성혼은 이이의 가장 중요한 공부 친구였다. 이이가 37세에 성혼에게 쓴 편지를 보면 공부에 대해 의견을 나눈 것을 알 수 있다.

혼에게

이 사람아. 그동안 어떻게 지냈는가? 자네의 편지를 받고 보니, 공부에 대해 서로 다른 생각을 가지고 있어서 안타까운 마음이네. 이 문제에 대해 내 생각을 말하니 부디 팽개치지 말아 주게.

성혼은 벼슬에 별로 뜻이 없었다. 이이는 29세 때 장원 급제를 하여 벼슬길에 나섰지만 성혼은 과거 시험에 대한 뜻을 버리고 학문을 하는 데 전념했다. 이이가 벼슬에 추천을 했으나 거듭 사양했다.

이이가 39세 때의 일이다. 이이는 성혼의 학문을 높이 평가하여 벼슬에 나오기를 권유했다. 과거에 급제하지는 않았지만 학문 수준이 높고 훌륭한 인물이기 때문에 이제 성혼에게 맞는 벼슬자리를 주는 것이 좋겠다고 생각한 것이다. 그래서 이이는 선조 임금에게 성혼을 추천했다. 경연관이라는 벼슬로, 임금을 모시고 임금에게 학문을 가르치는 자리였다.

성혼을 추천받은 선조 임금이 이이에게 물었다.

"성혼은 어떤 사람인가?"

"성혼은 성수침의 아들로 어릴 때부터 훌륭한 가정 교육을 받았습니다. 학문이 뛰어나고, 심성이 온화하고 착한 사람입니다."

"성혼의 재주는 어떤가?"

"재주는 사람마다 똑같지 않습니다. 뛰어난 재주와 지혜로 큰일을 혼자 감당할 수 있는 사람도 있고 재주는 부족해도 다른 사람을 잘 활용할 수 있는 사람도 있습니다. 지금 성혼의 재주와 지혜가 뛰어나지 않을지도 모르겠으나 그는 사람들과 두루 원만하게 지내며 다른 사람들을 잘 활용할 수 있는 능력이 있는 사람입니다. 그러니 어찌 나라에 도움이 되는 인물이 아니겠습니까?"

이이와 임금의 기대에도 불구하고 성혼은 벼슬길에 나오지 못했다. 벼슬을 하지 않고 학문에 전념하고자 하는 자신의 뜻도 있었고, 몸이 약하여 병치레를 많이 했기 때문이다.

다음 해, 성혼을 마음에 담아 두고 있던 선조 임금은 또 이이에게 성혼에 대해 물었다.

"최근에 성혼을 만나 보았는가? 그의 병은 어떠한가? 벼슬길에 나올 만한가?"

"예, 전하. 안타깝게도 성혼은 여전히 병에 시달려 벼슬길에 나오기 어렵사옵니다."

선조 임금은 특별히 성혼에게 약을 보내 주었다. 성혼은 이후에도 관직을 권유받았으나 거의 사양하였고, 이이의 권유로 잠시 관직에 나선 적도 있었으나 오래 하지는 않았다.

이이와 성혼은 서로를 그리워했으며 간혹 만나면 밤을 새워 이야기를 나누었다.

이이가 43세 되던 어느 겨울이었다. 그날은 이이가 살고 있는 한양에 눈이 펑펑 내렸다. 이이는 문득 성혼이 보고 싶어졌다. 친구에 대한 사무친 그리움을 참지 못한 이이는 눈길을 뚫고 한양에서 파주까지 단숨에 달려갔다. 눈 오는 겨울에 가기에는 상당히 멀고 험한 길이었지만 그 무엇도 친구에 대한 이이의 마음을 막지는 못했다. 두 사람은 마치 어린아이처럼 서로의 만남을 기뻐했다. 둘은 밤새도록 지난날을 이야기하며 공부에 대해 의견을 나누었다.

살아서는 이이가 성혼의 병을 많이 걱정했지만 결국 이이가 49세 때 먼저 세상을 떠났다.

이이가 세상을 떠나자 성혼은 하늘이 무너지는 듯했다.

"내 평생의 친구가 이렇게 허무하게 떠나는구나!"

성혼은 이이의 죽음을 가슴 깊이 슬퍼하며, 이이에 대해 아낌없이 칭찬했다.

"율곡의 뜻은 크고, 학문은 깊으며, 재주는 뛰어나다. 일찍이 큰 도를 깨우쳤으나 스스로 만족하지 않고 끊임없이 공부했으며 백성을 위한 책임을 맡으면서부터는 자기 몸을 아끼지 않았다. 일이 닥치면 세차게 밀고 나가 해결했으며, 남과 다툼이 없었다."

성혼은 이이가 떠난 이후에도 이이를 가슴속에 묻어 두고 그리워하며 시를 지었다.

하늘이시여

큰 뜻이 깜깜해져

백성들은 의지할 데를 잃고 말았구나.

내가 살아 있는 것이 고통이구나.

곧 지하에서 만날 것이니

그곳에서 처음 가졌던 뜻을 펼쳐 보세.

성혼은 이이가 세상을 뜨고 14년 뒤인 1598년에 세상을 등졌다. 마지막 순간에 자식들에게 유언을 하고 숨을 거두었다.

"내 장례를 거창하게 치르지 마라. 성현의 말씀에 따라 예법에 맞게 하되, 최대한 간소하게 하거라."

이이의 친구다운 모습이었다.

이이는 성혼 이외에도 송강 **정철**이나 구봉 **송익필**과도 평생 친구로 지냈다. 이이는 소중한 친구를 알아보는 눈을 가졌다. 눈만 가진 것이 아니라 친구의 좋은 점을 알고 그것을 배우려고 하는 마음, 어려움을 겪는 친구를 기꺼이 도와주려고 하는 마음을 가졌다. 이이는 친구에게서 배우고 친구들은 이이에게서 배웠다. 친구가 있어서 이이는 행복했고, 이이가 있어서 친구들은 행복했다.

**정철**
조선 전기의 문신이자 문인. 가사 문학의 대가로 〈관동별곡〉, 〈성산별곡〉, 〈사미인곡〉 등의 작품을 많이 남겼다. 지은 책으로는 《송강집》과 《송강가사》가 있다.

**송익필**
조선 선조 때의 뛰어난 유학자로, 지은 책으로는 《구봉집》이 있다.

# 6장
# 어찌 잘못을 보고 고치려 하지 않으십니까?

"전하, 저에게 공부할 기회를 주셔서 황공할 따름이옵니다."

이이는 34세 때, 사가독서의 기회를 가졌다. 사가독서는 젊고 뛰어난 관리에게 휴가를 주어 공부에 전념할 수 있는 기회를 주는 제도였다.

이이는 생각했다.

'사가독서는 나에게 인생에서 두 번 오기 어려운 기회이다. 이번 기회에 좋은 글을 써야지.'

이이가 글을 쓰려는 걸 알고 같이 공부하던 선비가 물었다.

"무엇에 대해 쓰려고 하시오?"

"여러 가지 생각 중입니다. 아무래도 나라를 개혁할 수 있는 방안에 대해 써야 할 것 같습니다."

"나라를 개혁하는 일은 쉬운 일이 아닐 텐데요."

"물론 그렇습니다. 하지만 꼭 필요한 일이지요."

선비가 계속 질문을 했다.

"어떤 내용을 담으려고 하시오?"

"제일 먼저 임금이 지켜야 할 도리에 대해 써야겠지요. 무엇보다 임금이 바로 서야 나라가 바로 설 수 있을 테니까요."

"임금이 지켜야 할 도리를 쓴다고요? 그거 너무 위험한 것 아닙니까? 임금님이 보시고 언짢아하시면 큰 화를 당할 수도 있습니다."

"임금님이 역정을 내실까 두려워 바른말을 하지 못한다면 신하의 도리가 아니지요."

이이는 꼿꼿하게 앉아 대답했다.

"그다음에는 무엇에 대해 쓸 생각입니까?"

"신하가 지켜야 할 도리를 쓸 생각입니다. 신하가 올바른 도리를 해야 임금이 나라를 잘 다스릴 수 있는 법입니다."

"그야 물론이지요. 임금의 도리와 신하의 도리라……."

"예. 임금과 신하가 서로의 도리를 올바르게 지켜야 나라가 바로 설 수 있습니다."

"또 어떤 내용을 담으려고 하십니까?"

"사회를 개혁할 수 있는 방안을 제시하려고 합니다. 잘못된 것은 고쳐야 하지요."

"그것도 위험할 수 있습니다. 누구에게는 유리한 방법일 수 있지만 누구에게는 불리한 생각일 수 있습니다. 특히 벼슬이 높은 관료들이 싫어할 수 있습니다."

"벼슬이 높은 관료들이 싫어한다고 해서 잘못된 것을 개혁하지 않으면 나라를 바로 세울 수 없을 것입니다."

이이는 동호독서당이란 곳에서 사가독서를 하며 이러한 자신의 생각을 담아 《동호문답》이란 책을 썼다. 동호독서당에서 주인과 손님이 묻고 대답하는 형식의 글이었다. 《동호문답》의 내용을 일부 살펴보자면 다음과 같다.

손님이 물었다.

"임금께서 올바른 정치를 하려면 먼저 어떤 일에 힘써야 합니까?"

주인이 대답했다.

"가장 먼저 뜻을 세워야 합니다. 예로부터 큰일을 한 임금은 모두 먼저 뜻을 정했습니다. 훌륭한 정치를 하겠다는 뜻 말입니다."

손님이 다시 물었다.

"뜻이 이미 섰다면 무엇을 해야 합니까?"

"뜻을 세운 다음에는 실천하려고 해야 합니다."

"그게 무슨 말입니까?"

"아침 밥상을 차려 놓고 아침이 다 지나도록 한 번 제대로 먹어 보지도 못한다면 무슨 소용이 있겠습니까? 빈말만 무성하고 실제로 행하는 것이 없다면 무슨 소용이겠습니까?"

"지금이 그렇다는 것입니까?"

"그렇습니다. 지금 나라를 위한 좋은 방안이 없지 않은데도 그 방안을 실시한 사례는 찾아볼 수 없습니다."

"정말입니까?"

"그렇습니다. 그럴듯한 말만 할 것이 아니라 실천을 해야 효과를 볼 수 있을 것입니다."

"그러면 그것이 임금의 잘못이라고 보십니까?"

"물론 모두 임금의 잘못이라고 생각하지는 않습니다. 하지만 임금의 잘못이 큽니다."

"그러면 임금은 어떻게 해야 합니까?"

"먼저 임금 스스로 마음을 다스려야 합니다. 마음을 맑게 하고, 몸가짐을 단정히 하고 항상 법에 따라 예를 갖추어야 합니다. 물론 부모님께 효도해야 합니다."

손님은 계속 질문을 했다.

"임금이 백성에게는 어떻게 해야 합니까?"

"백성의 부모라는 마음으로 백성을 갓난아이같이 보아야 합니다."

"갓난아이로 보아야 한다고요?"

"그렇습니다. 그만큼 소중히 여기고 아껴야 한다는 뜻입니다."

**《동호문답》**
1569년 이이가 지어 선조 임금에게 바친 책. 모두 11개 항목으로 구성되어 있으며 왕도 정치의 이상을 문답 형식으로 지은 책이다.

"지금의 임금은 갓난아이를 대하듯 백성을 소중히 여기며 아끼고 있습니까?"

"갓난아이가 우물에 빠지려 할 때에는 비록 원수 사이라도 그 아이를 구해 낼 것입니다. 그러나 지금 갓난아이가 우물에 빠진 지 오래되었건만 이 아이를 건져 낼 수 있는 정치를 하고 있지는 않습니다."

"물에 빠진 갓난아이를 건져 낼 수 있는 정치는 무엇입니까?"

"백성에게 이로운 것은 그대로 유지하고 해로운 것은 없애는 것입니다. 백성을 걱정하고 백성이 원하는 것을 알아내어 반드시 이룰 수 있도록 해 주는 것입니다."

"그렇군요. 그렇게 하면 갓난아이를 건져 낼 수 있겠군요."

"임금께서 진심으로 백성을 사랑하고 백성의 아픔을 달래 주고자 하면 하늘이 기뻐할 것입니다. 그러면 온 나라에 따뜻한 기운이 돌고 나쁜 일은 모두 사라질 것입니다. 앞으로도 계속 좋은 일만 생길 것입니다."

"참으로 그런 나라가 된다면 얼마나 좋겠습니까?"

"임금이 그렇게 하면 반드시 이런 나라가 올 수 있습니다."

손님이 올바른 정치에 대해 계속 물었다.

"올바른 사람을 선발하여 정치를 하려고 한다면 무엇을 먼저 해야 합니까?"

"먼저 잘못된 법부터 고쳐야 합니다."

"어떤 법을 고쳐야 합니까?"

"법을 고치려면 먼저 누구든 자유롭게 말할 수 있도록 해야 합니다. 벼슬이 높은 사람이든 낮은 사람이든 누구든 말이지요. 지금의 법 중에서 잘못된 것이 무엇인지를 자유롭게 이야기하게 하고 그중에서 진짜 잘못된 것을 선택하여 바로잡으면 됩니다."

"그러면 주인장께서는 지금의 법 중에서 가장 잘못된 법은 무엇이라고 보십니까?"

"많이 있지요. 우선 세금을 내지 않으려고 도망간 사람의 친족이나 이웃에게 세금을 대신 부담하게 하는 법이 잘못되었습니다."

"그것이 왜 잘못되었단 말입니까?"

"세금을 내지 않았으면 그 사람을 잡아서 받아야지 아무리 가까운 사이라도 친족이나 이웃에게 부담하게 하는 것은 잘못된 것입니다."

"그렇군요. 친족이나 이웃 입장에서 보면 너무 억울하겠습니다. 자기가 잘못한 것도 아닌데 말입니다. 또 어떤 것이 있습니까?"

"조정에 특산품을 너무 자주 바치게 하는 것입니다."

"특산품을 바치는 것은 임금을 받들어 모시는 것 아닙니까?"

"임금을 받드는 방법은 특산품을 바치는 것만이 아닙니다. 특산품을 자주 바치면 백성들이 살기 어려워집니다. 백성들이 잘살고 인구가 늘어나야 나라의 살림도 커지는 법입니다. 어찌 특산품을 받는 것이 이득이 될 수 있겠습니까?"

"참으로 그렇군요."

손님은 주인에게 또 물었다.

"그대의 말은 모두 옳습니다. 하지만 나라를 비판하는 것은 바람직하지 않습니다. 자칫 나라에서 정한 법을 어지럽힐까 두렵습니다."

"내가 한 말이 나라의 법을 어지럽히다니요. 나라의 법을 따른다는 이유로 새로운 방안을 한 가지도 써 보지 않고 앉아서 망하기만 기다려서는 안 됩니다."

"망하기만을 기다린다기보다는 나라의 법을 업신여길까 두렵다는 것입니다."

"나라의 법은 백성을 위해 있는 것입니다. 지금 나라의 법 중에는 고쳐야 할 것이 있습니다. 이것을 바로잡자는 것입니다."

이처럼 이이는《동호문답》에서 손님과 주인의 대화 형식으로 나라의 발전을 위해 개혁해야 할 일을 조목조목 정리했다. 《동호문답》은 나라의 개혁을 담은 내용을 임금에게 바친 책으로 자칫하면 큰 화를 불러올 수도 있었다. 하지만 잘못된 것을 바로잡아야 한다는 이이의 정신은 누구도 막을 수 없었다.

이이는 임금에게《동호문답》을 지어 올렸지만 여전히 마음이 놓이지 않았다.

'아직도 나라는 너무 어지러워. 근본부터 바로잡지 않으면 나라는 큰 혼란에 빠질 거야.'

이이는 이런저런 생각에 골똘히 잠겼다.

'그래. 임금께 현재의 나라 사정을 알리고 개혁을 촉구하는 **상소문**을 올려야지.'

이이는 몇 날 며칠을 지새워서 상소문을 썼다.

'전하, 지금 나라의 사정을 말씀드리자면 큰 집이 여러 해 동안 손질을 하지 않아서 기울어지고 빗물이 새어 나오고 있고 서까래는 좀이 먹어 썩어서 집 전체가 무너질 지경입니다. 바라옵건대 지금 훌륭한 기술자를 불러 모아 새롭게 고쳐야 할 것입니다. 그렇지 않으면 얼마 가지 않아 집이 무너져 내릴지 모릅니다. 어려움을 잘 극복하면 복이 되지만 잘 대응하지 못하면 큰 화를 입게 됩니다. 부디 통촉하여 주시옵소서.'

이이는 상소문에서 나라의 사정을 무너져 가는 집에 비유했다. 이 상소문은 이이의 이름만으로 올린 것이 아니라 뜻을 같이하는 몇몇 선비들이 함께 올린 것이었다.

'몇 번 상소를 올렸는데 큰 변화가 없구나. 그래도 여기에서 포기할 순 없지. 또 상소를 올려야겠다.'

이에 그치지 않고 이이는 또 상소문을 올렸다. 나라의 잘못된 일을 바로잡아야 한다는 생각이 이이의 머릿속을 온통 차지하고 있었다. 이이는 생각하고 또 생각하여 상소를 올렸다.

'전하, 지금 나라는 매우 혼란에 빠져 있습니다. 지금 개혁하지 않으면

**상소문**
신하나 일반 선비가 직접 임금한테 올리는 글. 주로 건의하는 내용을 담고 있다. 1만여 명이 서명을 하여 올리는 상소문은 만인소라고 한다.

아니 되옵니다. 무엇보다 선비들이 자유롭게 자신의 생각을 말하도록 하시고 거짓을 말하는 신하의 말은 듣지 마시길 바랍니다. 나라의 개혁을 한시도 미룰 수가 없는 지경에 와 있습니다. 제발 소신의 청을 들어주십시오.'

1545년 조선 명종 때, 을사사화라는 사건이 있었다. 권력 다툼으로 수많은 사람이 죽은 일이었다. 이때 **윤원형**이란 사람은 반대파가 반역을 꾀한다고 거짓으로 누명을 씌워 수많은 사람을 죽였다. 이 일로 윤원형과 주변 사람들이 권력을 차지했다.

을사사화가 일어났을 때 이이는 겨우 9살이었다. 당연히 어릴 때는 이러한 사실에 대해 잘 알고 있지 못했다. 그러나 어른이 된 후 이 문제에 대해 관심을 가져 왔고, 매우 잘못된 일이라고 생각하고 있었다.

어느 날 주변의 동료가 이이에게 말했다.

"무슨 생각에 그리 골똘히 잠겨 있소?"

"을사사화 말이오. 어떻게 이런 일이 있었단 말이오. 과거의 일이지만 잘못된 일을 바로잡지 않으면 앞으로도 비슷한 일이 발생할 수 있소."

"물론 을사사화는 매우 잘못된 일이오. 하지만 이 일은 워낙 민감한 문제라 잘못하다가는 큰 화를 당할 수 있소."

**윤원형**
조선 중기의 문신. 조선 13대 왕 명종의 어머니인 문정 왕후의 동생으로, 을사사화를 일으켜 윤임 등의 반대파를 몰아냈다.

"아무리 큰 화를 당할지라도 잘못된 일을 바로잡으려 하지 않으면 어찌 올바른 신하라 할 수 있겠소."

이이는 이 문제에 대해 상소를 올렸다.

'전하, 반역이란 천하에서 가장 잘못된 일입니다. 그런 짓을 한 사람은 반드시 큰 벌을 받아야 합니다. 그러나 을사사화의 일은 매우 잘못된 것입니다. 반역을 저질렀다고 거짓으로 아뢰어 죄를 짓지 않은 많은 사람들이 억울하게 죽은 일입니다. 거짓을 알린 사람이 오히려 권력을 얻었습니다. 이들은 도둑과 같습니다. 이 어찌 잘못된 일이 아니라 하겠습니까. 부디, 이 일을 바로잡아 주십시오.'

이 상소를 받은 선조 임금은 머무적거리며 못 들은 체했다. 딱히 별다른 대답도 하지 않았다. 하지만 이이는 여기에서 멈추지 않고 계속해서 상소를 올렸다.

'전하, 이번이 일곱 번째 상소이옵니다. 부디 소신의 뜻을 헤아려 주시옵소서.'

선조는 여전히 이이의 상소를 받아들이지 않았다. 상소를 받아들이면 선대 왕인 명종을 헐뜯는 것이 될 수 있기 때문이었다.

주변의 선비들이 이이에게 충고했다.

"제발 그만하시오. 평생 동안 한 번도 상소를 하지 않는 관리들도 많소. 자칫 임금님의 미움을 사서 큰 화를 당할 수 있기 때문이오."

"아무리 큰 화를 당한다 한들 잘못된 일은 바로잡아야 하오."

이이는 상소를 멈추지 않았다.

'이제 마흔한 번째 상소이옵니다, 전하. 어찌 잘못된 일을 바로잡으려 하지 않으시옵니까? 부디 통촉하여 주시옵소서.'

같은 문제에 대해 마흔한 번이나 상소를 올려 바로잡으려 한 것은 그 사례를 찾기 어렵다. 결국 선조의 마음이 움직였다.

"알겠소. 그대의 뜻을 알겠소. 바로잡도록 하겠소."

결국 선조는 을사사화 때 거짓을 말하여 공적을 얻은 이들의 이름을 삭제하는 등 을사사화의 잘못된 점들을 바로잡았다. 이이의 용기와 끈기로 잘못된 일을 바로잡은 것이다. 잘못된 일이 무엇인지를 알고, 끊임없이 노력하여 그 잘못된 일을 바로잡으려는 정신, 이런 정신이 이이를 위대한 인물로 만들었다.

# 7장
## 한쪽만 보려고 하지 마라

조선 선조 때의 일이다. 당시 조정의 관료들은 두 갈래, 세 갈래로 나뉘어 서로 다툼을 벌이는 일이 많았다. 싸움의 중심에 있었던 사람은 **심의겸**과 **김효원**이었다.

한 선비가 다른 선비에게 물었다.

"심의겸은 어떤 사람입니까? 좋은 사람입니까?"

"특별히 좋은 사람이다 나쁜 사람이다 할 수는 없지."

"선비들 중에는 심의겸을 따르는 사람이 많은 것 같습니다. 그렇게 존경받을 만한 사람입니까?"

"사람은 누구나 잘한 점도 있고 못한 점도 있을 수 있지. 심의겸이 잘한 점도 많아."

"심의겸은 무엇을 잘했습니까?"

"심의겸은 왕실의 외가 쪽 사람이었지만 선비들을 구하기 위해 노력을 많이 한 사람일세. 세력 다툼 때문에 억울하게 죽는 선비들이 없도록 하기 위해서 애를 많이 썼어. 그래서 실제로 많은 사람을 구했지."

"그런데 김효원과는 왜 그렇게 사이가 좋지 않은 것입니까?"

"김효원이 **이조 전랑**이란 벼슬에 추천이 되었을 때 심의겸이 반대를 했기 때문이지."

"왜 반대했습니까?"

"김효원이 나쁜 일을 일삼은 윤원형과 한때 가깝게 지냈다는 이유였지. 이후에 심의겸의 아우인 심충겸이 이 자리에 추천되었을 때는 김효원이 반대를 했다네."

"그 일로 두 분은 그렇게 심하게 싸우게 되었군요."

**심의겸**
조선 선조 때의 문신이며 명종의 비 인순 왕후의 동생이다. 김효원을 중심으로 한 신진 사림 세력과 대립하여 서인과 동인으로 갈라진 것이 붕당 정치의 시초가 되었다.

**김효원**
조선 선조 때의 문신. 신진 사림파인 동인의 중심 인물로, 기성 사림파인 서인 심의겸과 대립해 붕당 정치의 근원이 되었다.

**이조 전랑**
조선 시대에 관리의 인사를 담당하던 기관인 이조의 벼슬. 직위는 높지 않았으나 삼사의 관리를 뽑을 수 있는 권리를 갖고 있었고, 자기 뒤를 이을 관리를 추천할 수 있었다.

이 일로 당시 관리들은 심의겸을 지지하는 세력과 김효원을 지지하는 세력으로 갈라졌다. 심의겸을 지지하는 세력은 서인, 김효원을 지지하는 세력은 동인이라는 **붕당**을 만들게 된 것이다. 이에 조정에서는 김효원에게 부령 부사를, 심의겸에게 개성 유수의 벼슬을 주어 멀리 보냈다. 그러나 두 세력의 갈등은 줄어들기는커녕 오히려 심해졌다.

　이런 상황을 본 이이는 가만히 있을 수가 없었다. 우선 이이는 임금님께 상소를 올렸다.

　'전하, 바라옵건대 김효원은 병이 들어 한양에서 멀리 떨어져 있는 부령 부사로는 적합하지 않사옵니다. 한양에서 가까운 곳으로 옮겨 주시는 것이 타당한 것으로 생각되옵니다.'

　이이는 서인 쪽 사람이었는데, 동인인 김효원을 도와주려고 한 것이다. 그러자 서인 쪽 사람이 이이에게 물었다.

　"이이 선생, 왜 당신은 우리 편을 들지 않으십니까?"

　"내가 왜 당신들 편을 들어야 합니까?"

　"당신은 서인 쪽 사람이 아닙니까? 그러니까 서인 편을 드는 것이 마땅하지요. 그런데 왜 동인 쪽 사람인 김효원을 옹호하는 것입니까?"

　"나는 누구 편을 드는 것이 아닙니다. 서로 싸우지 않기를 바라는 마음뿐입니다."

**붕당**
　조선 시대에 정치적 이해관계에 따라 나누어진 사림파의 집단을 이르는 말.

이이의 이러한 태도는 많은 사람들의 비판을 받았다. 동인 쪽 사람들은 여전히 이이를 비판했고, 서인 쪽 사람들은 자기들 편을 들어주지 않는다고 이이를 비판했다. 서로 싸우지 않고 화합하기를 바라는 이이의 마음을 알아주는 사람은 거의 없었다.

하루는 이이보다 나이 많은 서인 쪽 사람이 이이를 불러 충고를 했다.

"천하에 두 가지 다 옳거나 두 가지 다 그른 것은 없네. 그런데 그대는 둘 중에 옳고 그름을 가리지 않고 둘의 중간에 있다 보니 많은 사람들에게 비판을 받는 것이야."

이이를 진심으로 아끼는 마음에서 어느 한편에 서라는 충고였다. 이에 이이가 말했다.

"저는 어느 한쪽에 서기보다는 두 쪽 모두를 이해하려고 합니다. 옛 문헌을 살펴보더라도 둘 다 잘못하거나 둘 다 옳은 경우도 많습니다."

"그러면 자네가 보기에 지금 둘 다 잘못된 것인가, 아니면 둘 다 잘한 것인가?"

"제가 보기에 지금의 상황은 둘 다 잘못된 것입니다. 나라와 관계된 중요한 일도 아니고, 사사로운 일로 서로 다투는 경우가 많으니 둘 다 잘못된 것이지요."

"그러면 둘 다 잘한 일은 있소?"

"예. 둘 다 나라를 걱정하는 마음을 갖고 있으니 이것은 잘한 것입니다. 서로 생각하는 방법은 달라도 나라를 위한 마음만은 모두 옳은 것입니다."

이이는 어느 한편에 서기보다는 어느 쪽이든 잘한 일은 잘했다고 하고 잘못한 일이 있으면 잘못했다고 했다. 그러면서 양쪽 모두가 서로 화합할 수 있는 길을 찾으려고 노력했다.

하지만 당쟁이 매우 심했던 상황인지라 이이의 이러한 마음이 받아들여지지 않았다. 이이와 아주 가까운 친구였던 송강 정철 역시 이이의 마음을 이해하지 못했다.

"요즈음 이이가 왜 그런지 모르겠어. 동인의 우두머리 격으로 나쁜 일을 일삼은 김효원 같은 사람을 감싸고돌다니. 이이답지 않은 행동이야."

정철은 이이가 동인인 김효원을 감싼다고 의심을 했다. 이이는 아주 가까운 친구조차 이런 생각을 하고 있다는 것을 알고 너무나 안타까웠다. 그래서 어느 날 마음을 먹고 정철에게 편지를 보냈다.

친구 보게나. 요즈음 자네의 태도가 걱정이 되어서 이렇게 몇 자 적네. 자네는 김효원을 미워하고 무조건 그를 쫓아내려고만 하지 않나. 그러면 그들 무리들이 원한을 품고 서로 힘을 합칠 것이며, 나중에 그들이 큰 벼슬이라도 얻으면 여러 사람에게 복수를 하려고 할 것이네. 김효원을 무조건 나쁜 사람이라고 하여 그를 따르는 사람을 모두 배척하는 것은 바람직하지 않네. 김효원이나 그를 따르는 사람들 중에 좋은 점을 가진 사람도 있을 것이니 이런 점을 살펴 주는 것이 좋네. 부디 친구의 말을 귀담아 주게나.

이이는 간곡하게 자신의 입장을 밝히고 김효원을 무조건 공격하는 정철의 태도가 바람직하지 않음을 깨우쳐 주려고 했다. 이이도 김효원에 대해 그렇게 좋은 감정을 갖고 있지는 않았을 것이다. 그런데도 김효원을 무조건 배척하지 않았던 것은 조정에서 당쟁이 심해지지 않기를 바라는 마음이 더 컸기 때문이었다.

이이는 탄식했다.

"참으로 안타까운 일이다. 동인과 서인으로 나뉘어 서로를 비방만 하고 있으니……. 동과 서로 나뉘어 이렇게 싸우면 분명 나라를 망칠 것이다."

이이는 이윽고 임금에게 상소를 올렸다.

'전하, 아뢰옵기 황공하오나 지금 당쟁이 심하여 나라가 위태롭습니다. 서로를 헐뜯고 싸우는 것은 소인배가 하는 짓이고, 서로 조금씩 양보하고 화합하게 하는 것이 군자의 도리입니다. 전하, 서로 헐뜯으려고 하는 자의 말은 믿지 마시옵소서.'

이이는 동인, 서인 모두한테 비판을 받았지만 어느 편에 휩쓸리지 않고 공정하게 대하려고 노력했다.

44세 때 이이는 **대사간**이라는 높은 벼슬에 임명되었다. 하지만 이이는 자신이 그 일에 적합하지 않다는 뜻의 상소를 올렸다.

'전하, 저에게 그런 직책은 어울리지 않습니다. 다만 지금 나라가 동서로 나뉘어 심히 어지러우니 이를 바로잡아 주시길 바라옵니다. 옛부터 선비가 바로 서야 나라가 바로 서는 법이라 했사옵니다. 그런데 동인, 서인이라는 말이 나오면서부터 조정에는 온전한 사람이 없으니 어찌 선비 된 자의 도리라 할 수 있겠습니까?'

이러한 상소를 쓰면 동인, 서인 할 것 없이 이이를 비판할 것이 틀림없었다. 그러나 이이는 오직 나라를 생각하는 마음으로 임금께 직접 아뢰었다. 이이에게는 더 이상 당쟁이 없기를 바라는 마음뿐이었다.

몇 년이 지난 뒤 이이는 또 다른 상소를 올렸다.

'선비들이 화합하여 하나가 되어, 옳은 일은 옳다고 하고 그른 일은 그르다 해야 나라가 안정이 됩니다. 그렇게 하지 아니하고 이쪽과 저쪽으로 나누어 자기 쪽만 옳다고 하면 올바르게 일을 정하지 못하게 됩니다. 어떤 일이 진정으로 올바른지를 보아야지 그것을 동인이 말했느냐, 서인이 말했느냐를 따지는 것은 어리석은 일입니다.'

이이는 끊임없이 일어나는 싸움을 조정하여 서로 화합하기를 바랐다. 하지만 진정으로 이이의 마음을 이해하고 받아들이는 사람은 많지 않았다.

그러던 어느 날 이이에게 위기가 찾아왔다. 북쪽에서 여진족이 수만 명의 병사를 이끌고 조선에 쳐들어온 것이다. 이때 이이는 국방을 책임지는 최고의 자리인 병조 판서로 있었다. 이이는 전쟁터로 나가 밤낮으로 군사를 동원하고 물자를 공급해 주었다. 그러나 전쟁터에 보낼 말이 많이 부족했다. 그래서 이이는 말을 바치는 백성은 군사가 되는 것을 면제해 주었다. 전쟁 중이라 상황이 급박하여 이이는 이 일을 처리하면서 임금의 허락을 받

**대사간**
사간원에서 가장 높은 벼슬. 정3품 당상관에 해당한다. 임금에게 상소를 올리고 신하의 말을 전하는 일을 주로 했다.

지 못했다. 그러자 **삼사**에서는 이이에게 벌을 주어야 한다고 임금에게 상소를 올렸다.

'전하, 실로 이는 큰일이 아닐 수 없습니다. 이이는 전하의 허락도 받지 않고 마음대로 권력을 휘둘렀습니다. 이는 전하를 업신여기는 일이옵니다.'

삼사에 있는 동인, 서인 할 것 없이 이이를 못마땅하게 생각해서 이런 내용의 상소를 올렸다. 그동안 이이가 어느 한쪽 편을 들지 않고 공정하게 대했기 때문에 동인, 서인 모두 이이를 자기 편으로 생각하지 않았던 것이다.

이이는 참담한 심정이었다. 전쟁 상황에서 오직 나라를 위해서 일했건만 돌아오는 것은 비판뿐이었다. 그것도 자신이 그토록 소중하게 여겼던 선비들로부터 말이다. 물론 선조 임금은 이이를 옹호했다.

"그런 것이 아니오. 워낙 급박한 상황이라서 어쩔 수 없이 그런 행동을 할 수밖에 없었던 것이오. 과인을 무시해서 그런 것이 아니오."

이이는 조정에 더 이상 희망이 없다고 생각했다. 그토록 노력했건만 이렇게 서로를 배척하는 현실이 너무나 안타까웠다. 그리하여 이이는 모든 벼슬에서 물러나서 시골로 돌아갈 결심을 했다.

이이는 병조 판서에서 물러나 해주로 내려오면서 시를 한 편 지었다.

사방 멀리까지 먹구름이 가득한데
하늘에 있는 태양만이 밝구나.
외로운 신하의 눈물 한 줌
한양성을 향해 뿌리누나.

이이는 동인, 서인으로 나뉘어 서로 헐뜯는 것을 사방에 먹구름이 가득하다고 표현했다. 이러한 가운데에도 하늘에 있는 태양은 바르게 비치고 있다고 했는데, 이때 태양은 임금을 뜻한다. 모든 벼슬을 버리고 떠나는 자신의 눈물을 임금께 뿌린다고 하면서 임금이 잘해 주기를 바라는 마음을 담은 것이다.

이때 이이의 친구인 성혼이 선조에게 이이가 벼슬을 떠나게 된 것의 부당함을 알리는 상소를 올렸다.

'전하, 어찌하여 이이와 같은 충신을 버리십니까? 이이를 비판한 사람들은 동인, 서인으로 나뉘어 오로지 자기 편의 이익만 추구하는 무리들이옵니다. 부디 잘못을 바로잡아 주시옵소서.'

성혼이 상소를 올리자 선비들은 이를 반박하여 이이의 죄를 묻는 상소를 또 올리게 된다. 이이를 옹호하는 사람과 이이를 비판하는 사람들 사이에 싸움이 더 심해진 것이다. 선조 임금은 이이를 비판하는 몇몇 사람들을 유배 보내면서 적극적으로 이이를 옹호했다.

조정에서는 당파에 따라 서로 헐뜯는 일이 더욱 심해졌다. 그러다 보니 조정에서 관리를 뽑을 때 그 사람의 능력보다는 파벌로 뽑는 경우가 많았

**삼사**
조선 시대의 언론 기관인 사헌부, 사간원, 홍문관을 말한다. 임금에게 잘못된 일을 알리거나 건의하는 업무를 담당했다.

다. 선조 임금은 골똘히 생각했다.

'이래서는 나라가 큰일을 당하겠어. 서로 자기 사람을 조정의 관리로 뽑으려고 하니 어찌 훌륭한 인재를 뽑을 수 있단 말인가.'

선조 임금은 이이를 불러들여 이 일을 맡겨야겠다고 생각하고, 이이를 이조 판서에 임명했다. 이조 판서는 조정에서 일할 인재를 뽑는 일을 맡은 사람이었다. 이때 이이의 나이 48세였다.

당시 이이는 건강이 좋지 않았다. 이제 살 날이 얼마 남지 않은 것도 알고 있었다. 이조 판서라는 자리가 자신의 마지막 봉사가 될지도 모른다고 생각했다. 이이는 다짐했다.

'나는 여러 해 동안 선비들이 서로 싸우지 않고 화합하기를 바랐다. 일방적으로 어느 편을 들지 않고 공정하게 대하려고 노력했다. 마지막이 될지 모르지만, 이조 판서로서 내 일에 충실해야겠다.'

이이는 이조 판서를 하면서 공정하게 인재를 등용했다. 동인인지, 서인인지를 구별하지 않고 훌륭한 인재를 뽑는 데 온 힘을 다했다.

'아직도 나의 본심을 몰라주는 사람들이 많지만 결국 알게 될 것이다.'

이이의 노력만으로는 당쟁을 완전히 끝낼 수는 없었다. 이이가 죽은 뒤에도 당쟁은 계속되었다. 하지만 어느 편에 휩쓸리지 않고 서로를 화합하려고 노력했던 이이가 있었기에 당쟁은 그 정도에 머물 수 있었을 것이다.

## 조선의 사화

사화는 조선 시대에 당파 싸움으로 많은 사람들이 죽거나 정치적으로 화를 입은 사건을 말한다. 조선 시대에 일어난 사화에는 크게 네 가지가 있다.

### 무오사화

1498년(연산군 4), 무오년에 일어난 사건이다. 세조가 조카인 단종을 몰아내고 왕위에 올랐을 때 세조의 편을 들어 권력을 차지한 세력을 훈구파라고 한다. 훈구파는 '나라에 공을 세운 옛 세력'이라는 뜻이다. 성종은 이런 훈구파를 견제하기 위해 고려 말 충신인 정몽주와 길재의 학풍을 이어받아 지방에서 학문을 연구하던 사람들을 정치에 진출하게 하는데, 이 세력을 사림파라고 한다. 무오사화는 훈구파가 사림파를 몰아내기 위해 일으킨 사건으로, 《성종실록》을 만드는 과정에서 일어났다. 실록의 사초(역사책을 내는 관리인 사관들이 쓴 역사 기록)에 실린 사림파 김종직의 '조의제문'이 세조가 단종의 왕위를 빼앗아 임금이 되었다는 것을 비판하는 내용이라며 훈구파가 상소를 올려 사림파를 죽이고 귀양 보낸 사건이다. 무오사화로 훈구파가 정권을 잡게 된다.

《성종실록》

### 갑자사화

1504년(연산군 10), 갑자년에 일어난 사건이다. 당시 연산군의 사치와 부패가 심해져 나라의 살림이 점점 어려워지자 연산군은 나라에 공을 세운 공신들에게 이를 메우게 하였다. 그러자 공신들이 반발하며 연산군에게 사치하지 말 것을 간청하였고, 연산군과 대신들이 맞서게 되었다. 이 연산군과 대신들의 갈등을 이용해 권력을 잡기 위해 임사홍이라는 사람이 연산군의 어머니인 폐비 윤씨 사건을 연산군에게 낱낱이 밝히게 된다. 이에 연산군이 폐비 윤씨 사건과 관련된 많은 사람들을 죽인 사건이 갑자사화이다.

### 기묘사화

1519년(중종 14)에 일어난 일이다. 연산군의 횡포가 계속되자 연산군을 몰아내고 중종이 임금이 된다. 중종은 정치를 바로잡기 위해 사림파 조광조에게 나라의 개혁을 맡긴다. 그런데 조광조의 개혁 정치를 반대하던 훈구파는 조광조를 포함한 사림파들이 나라를 어지럽힌다고 비판하고, 특히 조광조 일당이 임금을 몰아내기 위한 계획을 꾸미고 있다는 거짓 보고를 한다. 이에 중종이 조광조와 사림파를 몰아낸 사건이 기묘사화이다.

조광조

### 을사사화

1545년 인종이 죽고, 명종이 왕위에 오른 해에 일어난 일이다. 명종은 12살 어린 나이에 왕이 되어 어머니인 문정 왕후가 수렴청정(어린 왕을 대신해서 왕대비나 대왕대비가 나랏일을 하는 것)을 하였다. 권력을 잡은 문정 왕후와 동생 윤원형은 대립하는 세력인 윤임 일파를 몰아낸다. 즉 윤임 일파가 명종이 아닌 다른 사람을 임금으로 세우려 했다는 거짓 소문을 내어, 이를 구실로 윤임 일파를 죽이고 귀양을 보낸 사건이 바로 을사사화이다.

# 8장
## 사람을 차별하지 마라

　이이의 고향은 경기도 파주이다. 태어난 곳은 강원도 강릉이지만 어린 시절 이이는 파주에서 많은 시간을 보냈다.

　경기도 파주와 가까운 곳인 경기도 고양에 송사련이라는 사람이 살고 있었다. 송사련은 **우의정**을 지낸 안당의 머슴이었다. 송사련은 비록 노비였지만 어릴 때부터 천자문을 읽었고 공부도 잘했다.

　"저 사람이 아무리 노비이기는 하지만 재주가 있어. 저렇게 지내는 것을 보니 안쓰럽구나."

　안당은 송사련을 매우 불쌍히 여겼다. 그렇지만 엄격한 신분 사회였던 조선에서 노비는 가장 낮은 신분이었다. 여러 해 고민을 하던 안당은 어느 날 중요한 결정을 내렸다.

"그래. 주변 사람들의 비난을 받을지 몰라도 내가 저 사람을 구해 주어야겠다."

마침내 안당은 송사련의 노비 문서를 불태우고 평민 신분으로 만들어 주었다.

"평민 신분이 된다고 모든 문제가 해결되는 것은 아니야. 저 사람이 가족과 함께 먹고살 수 있도록 자리를 마련해 줘야지."

쉬운 일이 아니었지만 안당은 송사련에게 벼슬자리까지 마련해 주었다. 송사련은 뛸 듯이 기뻤다. 그리고 안당에게 큰절을 올렸다.

"대감마님, 이 은혜를 어찌 다 갚을 수 있단 말입니까? 제 평생 이 은혜 잊지 않고 살겠습니다."

송사련은 안당에게 매우 고마웠으나, 고마움에 대한 생각은 오래가지 않았다.

"나라에 큰 공을 세워 더 높은 벼슬에 올라야지. 어떻게 하면 좋을까? 그래! 가장 큰 공을 세울 수 있는 방법은 누군가 역모를 꾸미고 있다고 임금께 아뢰는 것이야."

송사련은 자신에게 그토록 큰 은혜를 베풀었던 안당의 아들 안처겸이 역모를 꾀하고 있다고 거짓으로 고발을 했다. 당시 역모를 꾀하는 것은 가

**우의정**
조선 시대 최고 행정 기관인 의정부에 속한 정1품 벼슬. 조선 시대 가장 높은 벼슬이 영의정, 좌의정, 우의정이었다.

장 큰 죄였다.

"당장 안당과 안당의 아들 안처겸, 안처근 등을 잡아 오라!"

물론 안당의 아들은 역모를 꾸미지 않았지만 송사련의 그럴듯한 거짓말에 모두 속고 말았다. 그리하여 조정에서는 이들을 역모 죄로 몰아 모두 죽였다. 1521년 중종 때 일어난 이 사건을 이른바 신사무옥이라고 한다. 송사련은 이 일에 대한 공로를 인정받아 **당상관**의 높은 벼슬을 받았다.

송사련은 뛸 듯이 기뻤다.

'종의 자식으로 태어나 내가 이렇게 높은 벼슬에 올라올 수 있다니.'

꽤 오랜 세월 동안 송사련은 높은 벼슬을 하며 부유하게 살았다.

그러나 세상에는 거짓이 통하지 않는 법. 세월이 흘러 그때의 일이 모두 거짓임이 밝혀졌다. 1586년(선조 19)에 이르러 안당, 안처겸 등이 무죄라는 것이 드러났다. 그때는 이미 송사련도 죽은 뒤였으나, 조정에서는 송사련의 벼슬을 모두 **빼앗았다**.

송익필은 바로 송사련의 아들로 조선 중기의 학자이다. 이이는 어릴 때부터 송익필과 자주 어울렸다. 둘은 가까운 곳에 살고 있고 나이도 비슷했다. 하지만 이이의 주변 사람들은 이이가 송익필과 가까이 지내는 것을 말렸다.

어느 날 이이의 친구가 말했다.

"어떻게 송익필 같은 사람과 친구를 할 수 있나?"

이이가 대답했다.

"송익필과 친구인 것이 무엇이 문제란 말인가?"

"송익필은 그의 아버지가 원래 노비이고 **서자** 출신이지 않은가. 서자 출신은 첩에서 태어난 자식인데 양반이라 할 수 없지 않나?"

"물론 양반이라 할 수는 없지. 하지만 서자 출신이라고 해서 사람을 무조건 무시하는 것은 바람직하지 않네."

이이의 친구는 다그쳐 물었다.

"그것뿐만이 아니네. 송익필의 아버지 송사련은 죄 없는 사람에게 죄를 뒤집어씌워 많은 사람을 죽게 만든 사람이네."

"물론 송사련은 아주 나쁜 사람이지만 그의 아들도 나쁜 사람이라고 할 수는 없지 않은가?"

"송익필 같은 사람을 사귄다면 자네한테 큰 화가 미칠 수도 있네."

"어찌 사람을 가려서 사귀려 하는가? 내게 도움이 된다고 사귀고, 내게 도움이 되지 않는다고 친구로 사귀지 말라는 법이 어디 있는가? 게다가 송익필은 학문이 깊고 시와 글씨를 잘 쓰는 친구라네. 그리고 무엇보다 인품이 훌륭하다네."

"정말 그렇다는 말인가?"

**당상관**
조선 시대 정3품 상(上) 이상의 품계를 가진 높은 벼슬.

**서자**
정식 아내가 아닌 양반과 양민 여성 사이에 태어난 첩의 자식.

"그럼. 그렇고말고."

이처럼 이이는 비록 송익필의 아버지가 노비 출신의 서자이지만 송익필과 친하게 지냈다. 당시 이이는 23세의 나이로 과거 시험에서 '천도책'이라는 매우 뛰어난 글을 써서 장원으로 뽑혔다. 과거 시험을 보려는 사람들이 이이를 찾아왔다.

"어떻게 하면 그렇게 훌륭한 글을 쓸 수 있습니까?"

"글쎄요. 나한테 묻기보다는 송익필의 학문이 훨씬 높고 넓으니 그를 찾아가 물어보시오."

이이가 이렇게 말하자 사람들이 놀랐다. 장원으로 합격한 사람이 자신보다 더 뛰어난 사람이 있다고 하니 말이다. 그만큼 이이는 송익필의 학문을 높이 평가하며 존경하였다.

송익필의 뛰어남은 **서기**라는 사람의 말에서도 찾아볼 수 있다. 서기는 제자들에게 이렇게 말했다.

"자네들이 **제갈공명**의 모습을 알고자 하면 송익필을 보면 된다. 송익필이 제갈공명과 흡사하고 제갈공명이 송익필과 흡사하다."

이이가 신분을 가리지 않고 아껴 준 만큼 송익필도 이이의 학문과 인간됨을 높이 평가하며 존중했다. 어느 날 송익필은 이이의 편지를 받고 나서 이렇게 말했다.

"이이의 편지를 뜯어 몇 번을 읽고 나면, 마음의 지혜가 크게 생긴다. 이이는 단지 이 시대의 거대한 유학자가 아니다. 후대에도 널리 이름을 떨칠 것이다."

송익필의 말처럼 이이는 후대에 그 이름을 널리 떨치고 있다.

이이가 세상을 떠나자, 송익필은 진심으로 슬퍼하며 이이를 위해 제문을 썼다.

이이는 젊은 날부터 나와 같이 공부하면서, 종종 나의 어리석음을 깨우쳐 주었소. 서로 토론하다 부족한 것이 있으면 편지를 주고받으며 서로 학문의 깊이를 키워 갔소. 내가 옳다고 여기는 것을 이이가 그르다 하기도 하고, 내가 옳게 여기지 않는 것을 이이는 옳다고 여기기도 하면서 30여 년이란 긴 세월이 지났소. 젊은 날에는 서로 견해가 다른 것이 많았지만 나이 들어 자주 토론하면서 견해를 달리하는 것이 별로 없게 되었소. 내가 공부를 하면서 새로운 견해를 말하면 다른 사람은 의심하였으나 이이만큼은 나를 믿어 주었소. 아, 슬프도다! 이제 나 죽기까지 그 은혜에 보답하며 살아가야겠소.

**서기**
조선 중기의 유학자. 지리산과 계룡산 등에서 제자를 기르는 데 힘썼다.

**제갈공명**
중국 삼국 시대의 정치가이자 사상가로, 이름은 제갈량이다. 유비가 세 번이나 찾아가 간절하게 자신과 뜻을 같이하자고 제안했던 인물로 유명하다. 결국 제갈량은 유비의 제안을 승낙하여 전쟁을 승리로 이끌었다.

송익필은 노비 집안 출신이며 아버지 송사련이 서자이기 때문에 벼슬을 할 수 없었다. 사람들은 송익필과 가깝게 지내기는커녕 아주 멀리하였다. 천한 집안 출신과 사귀어서 별로 덕 볼 일이 없다고 생각해서였다.

하지만 이이는 겉만 보고 사람을 판단하지 않았다. 그리고 자신에게 이익이 될 것이라는 이유로 사람을 사귀지는 않았다. 천한 집안 출신이었지만 이이는 진정으로 송익필을 존중해 주었다. 이이는 송익필을 진심으로 대해 주었기 때문에 송익필의 마음을 얻을 수 있었다.

# 9장
## 준비하고 또 준비하라

"전하, 지금 당장 많은 수의 군사를 양성하지 않으면 앞으로 외적이 침입했을 때 나라를 지킬 수 없습니다."

"뭐라고? 지금 조선의 상황에서 어떻게 대규모의 군사를 양성할 수 있단 말인가!"

조정의 신하들이 술렁거렸다. 임금과 신하들이 나랏일을 논의하는 **경연** 자리였다. 이이가 경연에서 당시로서는 상상할 수 없었던 엄청난 수의 병사를 양성해야 한다고 강하게 주장을 했기 때문이다.

이이가 나라의 문제를 지적하고 잘못된 점을 바로잡아야 한다는 주장을 한 것은 이때가 처음이 아니었다. 이이는 여러 차례 상소를 올렸다.

34세 때, **홍문관** 교리로 있을 때는 나라의 모습에 대해 상소를 올렸다.

'지금 국가의 사정을 비유하자면, 만 칸이나 되는 큰 집이 여러 해 지나도록 손질을 하지 않아 옆으로 기울어지고 위에서는 빗물이 새고 있습니다. 대들보와 서까래는 좀이 먹고 썩어 가며 단청은 다 벗겨졌습니다. 임시로 받치고 잡아끌면서 아침저녁을 겨우 넘기고 있습니다. 지금 당장 여러 장인들을 모으고 좋은 나무를 구해 수리하지 않으면 얼마 가지 않아 대들보가 부러지고 집이 무너져 더 이상 어찌할 수 없는 지경에 이를 것입니다.'

이이는 같은 해에 또 상소를 올렸다.

'전하, 나라의 질서가 유지되기 위해서는 나라의 기강을 바로 세우는 것이 필요합니다. 기강은 바로 법을 지키는 데서 생기는 것입니다. 법이 있되 제대로 지키지 않으면 곧 나라의 기강은 무너지게 됩니다.'

이처럼 이이는 앞으로 많은 재난이 올 수 있고, 이를 위해서는 나라의 질서를 지켜야 한다고 주장했다. 동료 대신들과의 대화에서도 지금 제대로 준비하지 않으면 큰일을 당할 것이라 하였다.

"자네는 무슨 생각을 그리 골똘히 하는가?"

"나랏일이 하도 한심스러워서 그렇지."

**경연**
조선 시대에 임금과 신하들이 유교 경전을 공부하고 나랏일을 의논하던 일.

**홍문관**
삼사의 하나로, 궁중의 중요한 책을 관리하고 궁중의 역사를 정리하며 임금이 궁금한 것이 있으면 답을 해 주던 기관.

"그게 하루이틀 일인가?"

"물론 어제오늘의 일은 아니지만 나라가 급격히 기울어져 가고 있다는 생각이 든다네. 지금 잘못된 것을 고치고 내일을 준비하지 않으면 큰일이 생겼을 때 분명 막아 내지 못할 거야."

"자네는 왜 이런 일이 생겼다고 보는가?"

"그야 여러 가지 이유가 있지. 올바르게 임금을 모시는 신하가 별로 없고 임금님한테도 문제가 있지."

"허허. 이 사람 못하는 소리가 없네."

"자고로 위에서부터 잘해야 하는 법이야. 그러니 임금부터 잘해야 하지. 신하된 자로서 임금님께 잘못된 점을 올바르게 고해야 하지 않겠나."

"임금의 잘못이 무엇이란 말인가?"

"지금 흉년이 들어 백성들이 제대로 먹고살 수가 없네. 백성은 식량에 의존하고 나라는 백성에 의존하는 법인데, 식량이 없으면 백성이 없고 백성이 없으면 나라도 없는 법이네. 나라가 없으면 임금도 없는 것이지."

"흉년이 왜 임금의 책임이란 말인가."

"임금의 책임도 크지. 임금님도 관습을 따지고 안주하려고만 하지, 어려운 일이 생길 것에 대비하여 새로운 것을 마련하여 준비하려는 마음이 부족하네. 흉년에 대비하지 않는 것도 마찬가지야."

"그래, 자네 말이 맞네. 그런데 신하들은 무슨 문제가 있단 말인가?"

"자네도 잘 알지 않나. 지금 조정의 상황을 보면, 선비들이 서로 몰려다니며 서로를 비방만 하고 있네. 임금과 나라를 위해 고민하고 좋은 방책을 마련하여 임금께 아뢰는 것이 신하의 도리이지."

"그래, 참 한심한 일일세. 앞으로 이 나라가 과연 어떻게 될지……."

이이는 나라를 걱정하며 여러 차례 상소를 올렸지만, 임금의 소극적인 태도와 관리들의 잘못된 생각 때문에 크게 받아들여지지 않았다. 이이는 크게 실망하여 병을 이유로 벼슬에서 물러나 고향으로 돌아오고 싶은 마음이 들었다. 임금이 벼슬을 내렸지만 병을 이유로 자주 사양을 했던 것도 이런 이유 때문이었다.

태조 이성계는 기울어 가는 고려를 멸망시키고 1392년 새로운 나라 조선을 세웠다. 나라를 처음 세웠을 때에는 고려의 잘못된 점들을 바로잡고 새로운 제도를 많이 시행하여 나라를 튼튼하게 하려는 마음이 가득했다. 하지만 세월이 흐르면서 그런 마음은 점점 사라져 갔다.

이이가 살았던 때는 조선을 건국한 지 150여 년이 흐른 다음이었다. 시간이 갈수록 나라는 점점 쇠퇴해 가고 있었다. 임금은 나라를 바로 세우고자 하는 생각이 많지 않았으며, 관리들은 서로 싸우기에 여념이 없었다.

이이는 실망이 계속됐지만 이대로 포기할 수만은 없었다. 포기하게 되면 나라는 점점 더 약해지고, 이 시기에 외적이라도 침입하면 큰일이기 때문이었다. 특히 군사 문제에서는 더 이상 가만히 있을 수 없다고 생각했다. 나라를 지키는 일을 소홀히 하면 장차 적이 쳐들어와서 수많은 사람이 죽거나 다치고 결국에는 나라를 빼앗길 수도 있었다.

'큰일이야. 나라의 모든 일이 엉망이야. 하루빨리 잘못된 것은 고치고 바로잡아야 하는데. 특히 군사에 대한 일이 중요해.'

이이는 나라를 지키는 일이 특히 중요하다고 생각하여 군사 문제에 많은 관심을 가졌다. 현재 군사력은 어느 정도인지, 지금의 군대로 과연 적이 침입했을 때 무찌를 수 있을지가 걱정이었다.

47세가 되던 해에 이이는 병조 판서가 되었다. 병조 판서는 오늘날 국방부 장관에 해당하는 벼슬로 나라를 지키는 임무를 맡은 가장 높은 자리였다. 이이는 병조 판서가 되자 더욱 나라를 지키는 일에 몰두했다.

이이는 선조 임금에게 여러 차례 제시한 개혁 방안이 받아들여지지 않았지만 포기하지 않았다. 이이는 어느 날 임금에게 또 고했다.

"전하, 긴히 드릴 말씀이 있사옵니다."

"무엇이냐? 또 이렇게 저렇게 나랏일을 바꾸어야 한다는 말을 하려는 것이냐."

"예, 그렇사옵니다. 특히 이번에는 나라를 지키는 일에 관해 말씀드리려 하옵니다."

"말해 보거라."

"전하. 이미 낡아 버린 옛것을 지키자니 망하기만을 하염없이 기다리는 셈이 되고, 새롭게 바꾸고자 하니 사람들이 놀라고 이상히 여깁니다."

"그러면 어떻게 해야 한단 말인가?"

"사람들이 놀라고 이상히 여겨도 바꾸어야 하옵니다. 지금의 상황을 보면, 뛰어난 인물이 나타나 백성들을 진정시키고 세상을 바로잡지 않으면 아무리 전하의 지혜가 높다 하더라도 흙이 무너지고 기와가 깨져서 집이 무너지는 형세를 바로잡을 수 없을 것입니다."

"그러면 구체적으로 무엇을 해야 한단 말인가?"

"무엇보다 중요한 것은 군사를 양성하는 일입니다. 현재의 군사로는 외적이 침입하면 막기 어렵사옵니다. 물론 군사를 양성하려면 식량이 많아야 합니다."

"지금 나라의 사정이 어려운데 어찌 군대를 더 늘리고 식량을 마련할 수 있단 말인가?"

"지금 어렵다고 해서 준비하지 않으면 더 큰일을 당할 것입니다."

"지금까지 전쟁이 많았지만 지금 정도의 군사로 잘 막아 내지 않았는가."

"물론 그렇사옵니다. 하지만 지금까지는 적은 수의 외적이 침입했기 때문에 막을 수 있었습니다. 대규모의 적이 침입하면 필시 막아 내기 어려울 것입니다."

"지금 우리 조선이 적을 막아 낼 만한 힘이 없단 말인가?"

"예, 그렇사옵니다. 한양과 지방 할 것 없이 매우 약합니

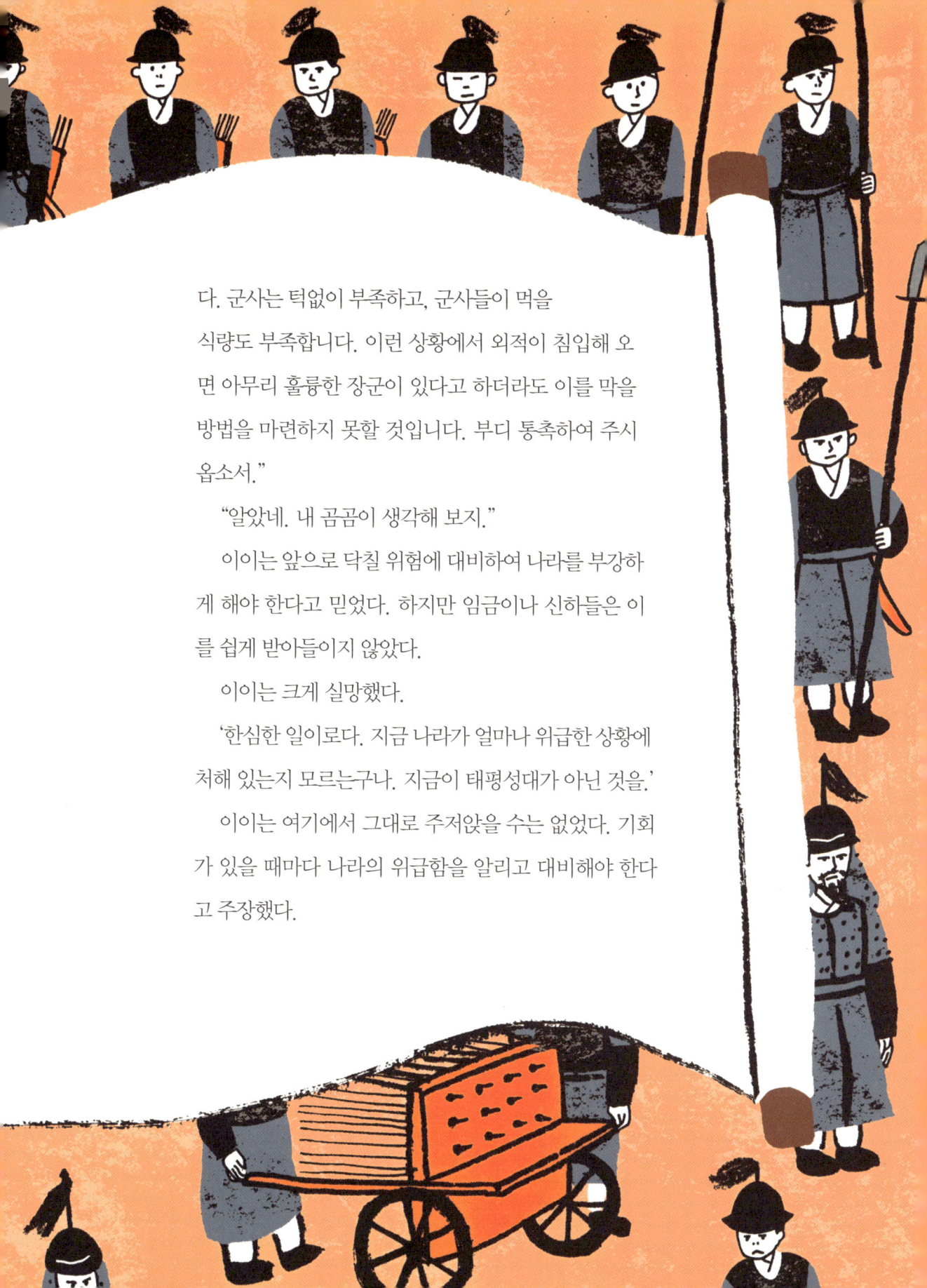

다. 군사는 턱없이 부족하고, 군사들이 먹을 식량도 부족합니다. 이런 상황에서 외적이 침입해 오면 아무리 훌륭한 장군이 있다고 하더라도 이를 막을 방법을 마련하지 못할 것입니다. 부디 통촉하여 주시옵소서."

"알았네. 내 곰곰이 생각해 보지."

이이는 앞으로 닥칠 위험에 대비하여 나라를 부강하게 해야 한다고 믿었다. 하지만 임금이나 신하들은 이를 쉽게 받아들이지 않았다.

이이는 크게 실망했다.

'한심한 일이로다. 지금 나라가 얼마나 위급한 상황에 처해 있는지 모르는구나. 지금이 태평성대가 아닌 것을.'

이이는 여기에서 그대로 주저앉을 수는 없었다. 기회가 있을 때마다 나라의 위급함을 알리고 대비해야 한다고 주장했다.

어느 날 경연 자리에서 이이는 크게 마음을 먹고 목소리를 높였다.

"전하, 지금 나라의 사정이 매우 위급합니다. 틀림없이 10년이 못 가서 흙이 무너지듯이 큰 재앙이 닥칠 것입니다. 원하옵건대 많은 군사를 양성하여 도성에도 배치하고 각 도에도 보내야 합니다. 6개월씩 나누어 교대로 도성을 지키게 하였다가 변란이 일어나면 이들이 모두 합쳐서 싸우게 해야 합니다. 위급할 때를 생각하여 미리 대비하지 않고 있다가 하루아침이 변란이 일어나면 일반 백성을 전투에 참여하게 해야 하는데, 결코 이겨 내기 어려울 것입니다. 부디 통촉하여 주시옵소서."

이이의 말이 끝나자마자 조정은 술렁거렸다.

"뭐? 많은 수의 군사를 양성해야 한다고? 참 어이없는 소리를 하는군."

조정의 신하 중에는 이이와 아주 가깝게 지낸 류성룡도 있다. 류성룡은 군사를 양성하는 것에 반대했다.

"전하 저도 드릴 말씀이 있사옵니다."

"말해 보아라."

"지금은 평화로운 시기입니다. 이때 군사를 양성하면 백성들이 군대에 들어가야 하고 군사들이 먹을 식량을 바쳐야 하기 때문에 그만큼 백성들이 힘들어지고 불안해할 것입니다. 군사 양성은 필요하나 그렇게 급하게 처리해야 할 일이 아니옵니다."

류성룡은 군사를 양성하기는 해야 하지만 너무 급하게 하려고 하면 백성들의 마음을 얻기 어렵다고 판단했다.

"일리가 있는 말이로다."

"평화로운 시기에는 학문 연구를 하도록 해야 합니다. 위급할 때에 군사를 양성하는 것이 옳은 일입니다."

선조 임금은 이이의 제안을 중요하게 생각하지 않았다. 그래서 당장 군사를 양성하고 군사를 위한 식량을 마련하는 데 노력하지 않았다.

그로부터 9년이 지난 후에 임진왜란이 일어났다. 1592년 4월 14일, 왜군들이 수만 명의 군사를 이끌고 물밀듯이 부산으로 쳐들어온 것이다.

며칠도 버티지 못하고 부산진성과 동래성이 함락되었다. 이제 왜군들은 한양을 향해 돌진했다. 파죽지세라 했던가, 왜군은 마치 대나무를 쪼개듯이 순식간에 조선군을 물리치면서 한양으로 향했다. 수많은 조선 백성들을 죽이고 조선 땅을 짓밟았다.

채 한 달도 되지 않아 한양이 함락되었다. 선조 임금은 개성으로 피란을 갔다가 다시 평양으로, 신의주로, 도망가기에 바빴다. 도망가는 임금을 보면서 백성들은 혀를 찼다.

'한 나라의 임금이 저 모양이라니. 그때 이이의 말을 듣고 군대를 양성하고 나라의 힘을 키웠으면 저런 꼴을 당하지 않아도 되었을 텐데……'

그러나 이미 늦었다. 일이 터진 다음에 준비하면 이미 늦은 것이다. 이이는 앞일을 정확히 내다보고 미리 준비하고자 했다. 이이의 말을 듣고 미리 준비했더라면 임진왜란에서 그렇게 쉽게 왜군에게 짓밟히지 않았을지도 모를 일이다.

## 임진왜란

임진왜란은 1592년에서 1598년까지 2차에 걸쳐 일본군(왜군)이 조선을 침략하여, 7년간 이루어졌던 전쟁이다. 1차 침입이 1592년 임진년 4월이어서 이를 임진왜란이라 하고 2차 침입이 1597년 정유년이어서 이를 정유재란이라고 한다.

일본이 임진왜란을 일으킨 까닭은 무엇일까? 그것은 일본 내부의 문제에 있었다. 당시 일본은 전국 시대가 끝난 뒤 도요토미 히데요시라는 인물이 일본의 혼란을 바로잡고 나라를 통일했다. 통일은 했지만 일본은 여전히 지방 영주들이 세력을 떨치고 있었고, 도요토미 히데요시는 일본을 하나로 모을 방법이 필요했다. 그래서 명나라와 조선을 침략하려는 계획을 세우게 된다. 다른 나라를 침략하는 전쟁을 통해 지방 영주 세력을 하나로 통합하고, 단합하려는 생각이었다.

당시 조선에서도 일본의 상황에 대한 우려의 목소리가 있었다. 그래서 선조 임금은 일본에 외교 사절인 통신사를 보냈다. 그러나 일본에 다녀온 통신사 두 사람은 서로 다른 의견을 냈다. 황윤길은 서둘러 전쟁 준비를 해야 한다고 주장했으나, 김성일은 침략할 가능성이 낮다면서 이를 반대한 것이다. 결국 전쟁 준비를 할 필요가 없다고 결론을 내렸다.

하지만 1592년 일본은 조선을 침략했다. 부산 앞바다에 쳐들어온 왜군은 순식간에 부산을 함락시키고, 양산, 대구 등을 거쳐 한양으로 향했다. 그러자 선조 임금은 평양을 거쳐 의주까지 피란을 갔다. 왜군은 평양성까지 차지했다.

바다에서는 이순신 장군이 거느린 수군이 옥포 해전을 시작으로 당포, 한산도 등에서 왜군을 격파하였고, 이에 힘입어 육지에서는 수많은 의병들이 일어나 나라를 지키려 했다. 곽재우, 정인홍, 조헌, 김천일 등이 대규모의 의병을 일으켜 왜군들과 치열하게 싸웠다. 수군과 의병들의 승리에 힘입어 점차 관군도 군사를 정비하여 왜군들과 전투를 벌였다.

이후 명나라에서 군대를 파견하여 조선군과 힘을 합해 평양성을 다시 되찾는다. 한양까지 물러난 왜군들은 행주산성을 공격했으나 권율 장군이 지키는 관군과 백성들은 이를 물리쳤다. 왜군들은 식량이 부족하고 전염병까지 돌자 조선을 뺀 채 명나라와 휴전 협상을 한다. 하지만 왜군이 무리한 조건을 요구하여 협상은 이루어지지 않았다.

왜군들은 군대를 정비하여 1597년에 다시 조선을 침략했다. 바다에서는 이순신이 명량 해전에서 왜군들을 물리치고, 육지에서도 왜군들을 물리쳤다. 마침 전쟁을 일으킨 도요토미 히데요시가 병으로 죽으면서 유언으로 조선에서 철수하라고 하자, 왜군이 물러나고 7년간의 긴 전쟁은 끝나게 된다. 하지만 이 전쟁으로 수많은 조선 백성과 군인들이 죽었으며, 조선의 영토는 망가질 대로 망가진 참혹한 결과를 가져왔다.

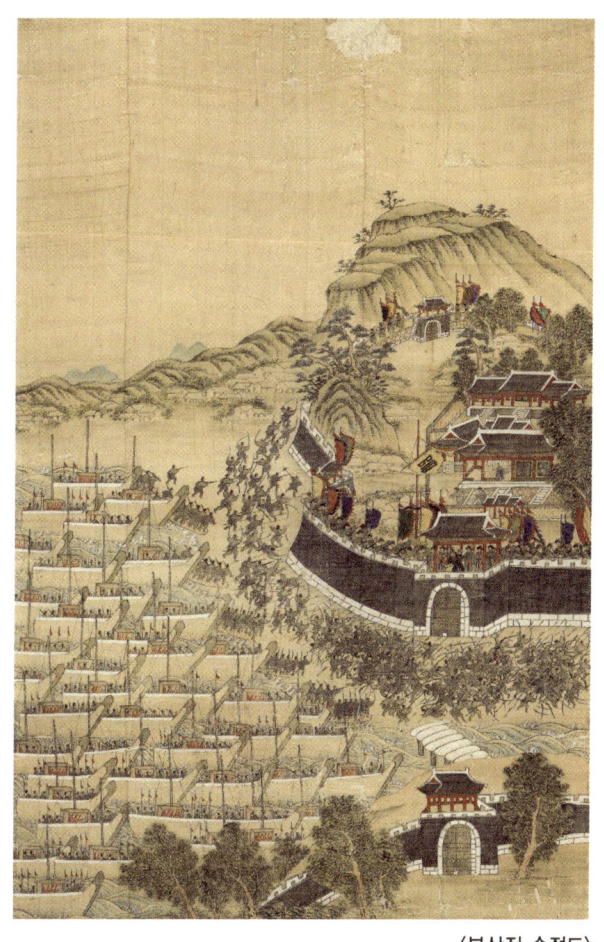

〈부산진 순절도〉
임진왜란 때 부산진에서 벌어진 전투를 그린 그림.

# 10장
## 끝까지 책임을 다하다

　이이는 어려서부터 공부에 열중했다. 어머니가 일찍 돌아가신 일로 큰 충격에 빠져 한동안 방황하기도 했으나 평생 공부에 힘썼다. 관직에 나아가서는 청렴결백하게 나랏일을 처리했고, 많은 사람들과 부딪치면서도 그들을 화합시키려고 끊임없는 노력을 했다. 실로 많은 일을 했으며 그 과정에서 몸도 마음도 많이 지쳤다.

　어느새 이이의 나이 49세가 되었다. 1584년, 이이는 정월 초부터 깊은 병이 생겨 일어날 수 없었다. 병은 점점 깊어져만 갔다.

　그때 절친한 친구 정철이 찾아왔다.

　"자네 소식을 듣고 한걸음에 달려왔네. 자네 같은 사람이 병석에 눕다니……. 훌훌 털고 빨리 일어나야지."

"이렇게 와 주어서 고맙네. 늙으면 병에 걸리는 것이 당연하지."

"무슨 말인가. 이제 자네 나이 49세밖에 되지 않았네. 나라를 생각해서라도 빨리 일어나야지. 힘내게."

"나랏일이 걱정이 되어 차마 눈을 감을 수가 없네."

"몹쓸 병에 걸려 일어나지도 못하면서 자신보다는 나랏일을 걱정하다니, 참으로 훌륭하네."

이이는 죽음을 눈앞에 두고서도 자신의 개인적인 문제보다 남을 위하는 마음, 나라를 걱정하는 마음이 앞섰다.

"이보게 송강. 내 마지막으로 자네에게 부탁 하나 하지. 꼭 들어주어야 하네."

"뭔가? 자네 말이라면 내가 누구 말보다 더 경청하지 않았나."

"그래, 고맙네."

이이는 정철의 손을 꼭 잡았다. 그러면서 삶의 마지막 부탁을 했다.

"미안하지만 자네는 너무 자네의 생각을 고집하는 일이 있는 것 같네. 너무 편을 갈라 사람을 대하는 일이 있네."

"나도 그걸 잘 알고 있네. 앞으로는 그런 자세를 고치려고 많이 노력하겠네."

"그래, 알겠네. 부디 자기 사람만 소중히 여겨 벼슬에 추천하지 말고 나라를 생각해서 고루 인재를 추천해 주면 고맙겠네."

이이는 삶의 마지막으로 친구를 만나는 것일지도 모르는 자리에서조차 나라를 걱정하는 마음으로 가득 차 있었다.

그러던 어느 날, 북쪽 오랑캐의 침략을 막기 위해 친구 서익이 떠나게 되었다. 이이의 병은 매우 위중한 상태였다. 이이는 자식들이 모두 말리는데도 불구하고 부축을 받으면서 겨우 일어나 앉았다.

"아버님, 제발 이러지 마십시오. 이러시다가 큰일 납니다."

"아니다. 나라에 매우 큰일이 일어났는데 그냥 있을 수 있겠느냐. 이 기회를 그냥 놓칠 수는 없다."

이이는 한사코 임금의 명을 받고 떠나는 서익을 위해 짤막한 글을 써서 전하려고 했다. 이이가 불러 주면 아우인 이우가 받아 적었다. 나라를 걱정하는 마음을 담은 이 글이 이이의 마지막 글이 되었다.

'오랑캐를 제압하기 위해서는 우리 임금의 어진 덕과 위엄을 알려야 한다. 그래야 오랑캐의 기가 죽을 것이다. 그리고 오랑캐 장수들의 계략을 먼저 살펴 위급한 일에 대비해야 한다.'

이이가 세상을 떠나기 전 마지막 밤이었다.

이이의 부인인 노씨가 이상한 꿈을 꾸었다. 검은 용이 침실에서 나와 하늘로 날아 올라가는 꿈이었다. 잠에서 깬 부인은 혼잣말로 중얼거렸다.

"참 이상한 꿈이로구나."

이이는 어머니 신사임당이 검은 용꿈을 꾸고 난 다음 태어났다. 그래서 이이를 낳은 방을 몽룡실이라고 하고, 어릴 때 이이는 현룡이라고 불렸다. 용꿈과 함께 태어나고 용꿈과 함께 사라지는 운명인 듯했다.

저세상으로 가는 그날까지도 가정이나 자신의 일보다는 나랏일 걱정뿐

이었던 이이는 정신이 다소 혼미한 상태에서도 읊조리듯이 말했다.

"나랏일이 걱정이야. 이것도 해야 하고…… 저것도 해야 하는데……."

눈을 감는 날 아침, 이이는 새벽에 부축을 받고 일어나서 자리에 깔았던 담요를 깨끗한 담요로 바꾸라고 했다. 머리를 동쪽으로 두고 옷과 두건을 단정히 가다듬었다. 그리고 편안한 모습으로 죽음을 맞이했다.

이이는 선비로서 죽음을 하늘의 뜻으로 받아들였다. 자신의 몸가짐을 단정히 하고 경건한 마음으로 죽음을 받아들였다. 이이는 자신의 부모와 친족이 있는 경기도 파주에 조용히 묻혔다.

이이가 죽었다는 소식에 선조 임금은 깜짝 놀랐다.

"뭐라고? 다시 말해 보거라. 이이가 세상을 떠났다고?"

"예, 전하. 그러하옵니다."

"세상에 이런 일이! 젊었을 때 내가 부족하여 이이의 마음을 미처 헤아리지 못했어. 나라를 위해 그 많은 제안을 했는데 나는 제대로 받아들이지 못했구나! 이제 이이의 나라 걱정하는 마음과 뛰어남을 알고 그 마음을 적극적으로 받아들이려고 하니 이렇게 허무하게 떠나는구나."

"전하, 부디 마음을 굳건히 하셔야 합니다."

"훌륭한 신하를 알아보지 못한 내 불찰이 참으로 크도다."

"전하."

선조 임금은 목 놓아 울었다. 그 울음소리가 바깥에까지 다 들릴 정도였다. 임금이 신하의 죽음을 이처럼 슬퍼하는 것은 보기 드문 일이었다.

"어진 신하가 이렇게 세상을 떠나니 내 마음이 찢어질 듯 아프구나. 앞으로 사흘 동안 조회를 미룰 테니 모든 신하들은 이이의 죽음을 애도하도록 하라."

"예, 전하. 분부 받들겠나이다."

선조 임금은 장례를 치를 수 있도록 지원을 아끼지 말라고 명하였다. 멀리 있건 가까이 있건 많은 선비들이 이이의 죽음을 슬퍼하며 찾아왔다. 선비들뿐만이 아니라 노비와 시골의 이름 없는 사람들도 모두 땅을 치며 울었다.

"하늘도 무심하도다. 오로지 나라와 백성을 위해 사신 분을 이렇게 빨리 데려가다니."

이이를 보내는 마지막 길에는 사람들이 거리를 가득 메웠다. 군인들과 백성들이 모두 횃불을 잡아 길을 밝혔다. 그 불빛이 저 멀리 도성 문밖 수십 리까지 비쳤다. 사람들의 울음소리는 하늘을 진동했다. 사람들은 더 이상 이이를 볼 수 없다는 슬픔에 울었고 나라의 앞날이 걱정되어서 울고 또 울었다.

죽음을 코앞에 둔 시점에서도 이이는 오직 나라를 사랑하고 걱정하는 마음뿐이었다. 그 마음이 임금을 비롯하여 많은 백성들을 울렸고 또 하늘을 울렸다. 이이의 그 마음은 그때뿐만 아니라 지금까지도 계속 이어져 내려오고 있다.

● 이이에게
묻다
오늘날의 우리들이
알고 싶은 이야기

Q **선생님은 어릴 적에 공부하는 것이 재미있었나요?**

이이: 저는 공부를 좋아해서 평생 공부를 했지만 공부가 항상 재미있었던 것은 아닙니다. 때로는 힘들어서 그만두고 싶을 때도 있었습니다. 그렇지만 공부를 하면 내가 미처 몰랐던 것을 깨닫게 되기도 하고 내 자신을 되돌아보는 기회를 가질 수 있어서 좋았습니다. 밤새 책을 읽다가 깨달음을 얻고 뛸 듯이 기뻤을 때도 많았습니다.

Q **선생님은 어릴 때 훌륭한 사람이 될 것이라고 생각했나요?**

이이: 그렇지는 않았습니다. 하지만 열심히 공부하고, 평소에 정직하게 살면 언젠가는 나도 성인들처럼 훌륭한 사람이 될 수 있을 것이라고 생각

했습니다. 여러분도 나 자신을 업신여겨서는 안 됩니다. 누구나 노력하면 훌륭한 사람이 될 수 있습니다. 따라서 훌륭한 사람이 될 수 있다는 믿음을 가지고 노력해야 합니다.

**Q 선생님이 평생 쓰신 책 중에서는 어느 책에 가장 정이 가나요?**

이이: 나는 평생 동안 공부를 하면서 많은 책을 썼습니다. 사회 개혁의 필요성에 대해 쓴《동호문답》, 사회 문제에 대한 개혁 방안을 제시한《만언봉사》, 훌륭한 임금이 되기 위한 자세를 담아 임금님께 바쳤던《성학집요》, 학문을 시작하는 어린이들이 지켜야 할 도리를 제시한《격몽요결》등의 책을 썼지요. 모두 중요한 책이지만,《성학집요》와《격몽요결》에 대해 애정이 많이 갑니다. 나의 학문에 대한 생각을 가장 잘 담고 있는 책들이기 때문이지요.

**Q 선생님은 공부를 아주 잘하셨다고 들었어요. 어떻게 하면 공부를 잘할 수 있나요?**

이이: 특별히 잘하는 방법이 따로 있지는 않습니다. 평소에 책을 많이 읽어야 합니다. 그냥 읽는 것이 아니라, 하나하나 뜻을 모두 파악하며 읽어야 합니다. 그리고 한 번 읽는 것으로 끝나는 것이 아니라 여러 차례 읽으면서 그 속에 담긴 뜻을 파악해야 합니다. 물론 읽은 것을 몸소 실천하는 것이 가장 중요합니다.

**Q 살아생전에 가장 슬펐던 때가 언제였나요?**

이이: 어머니가 돌아가셨을 때입니다. 마치 하늘이 무너지는 것 같은 느낌이었습니다. 어려서부터 어머니는 나를 무척이나 아껴 주셨고 공부를 하는 자세와 삶을 살아가는 자세를 가르쳐 주셨습니다. 그랬던 어머니가 더 이상 세상에 계시지 않고 다시는 어머니를 뵐 수 없다는 사실이 말할 수 없이 슬펐습니다. 막상 돌아가시자 왜 내가 효도를 더 하지 않았는지 후회되었습니다. 여러분도 부모님이 살아 계실 때 마음을 다해 효도를 하세요. 그래야 후회하지 않습니다.

**Q 마지막으로 오늘날의 아이들에게 어떤 말을 해 주고 싶나요?**

이이: 다들 공부를 잘해야 한다고 생각하고 열심히 공부하고 있습니다. 그런데 왜 공부를 해야 하는지에 대해 진지하게 생각하는 친구는 많지 않은 것 같습니다. 공부를 할 때는 공부를 하는 이유를 먼저 생각해야 합니다. 다른 사람보다 좋은 대학을 가고 좋은 직장을 얻고 돈을 많이 벌기 위한 목적으로 공부를 해서는 안 됩니다. 남들이 모두 우러러보는 사람, 다시 말해 성인이 되기 위해 공부를 해야 합니다. 좋은 직장이 있고 돈이 많이 있다고 해서 다른 사람의 존경을 받지는 못합니다. 평소에 모든 사람들한테 모범이 되는 삶을 살아갈 때 많은 사람들의 존경을 받을 수 있습니다. 모범이 되는 삶을 살기 위해서 공부를 해야 합니다.

경기도 파주에 있는 율곡 이이의 묘(위)와 이이의 학문과 업적을 기리는 자운 서원.

## 이이가 걸어온 길

- 1536년　12월 26일
　　　　　강릉 북평촌(현재 강릉시 죽헌동)
　　　　　외가에서 태어남.
- 1548년　진사 초시에 합격함.

- 1561년　아버지 이원수가 세상을 떠남.
- 1564년　호조 좌랑에 임명됨.
- 1569년　《동호문답》을 지음.

1550　　　　　　1560　　　　　　1570

- 1551년　어머니 신사임당이 세상을 떠남.
- 1554년　어머니 묘소에서 시묘 살이를 마친 뒤
　　　　　금강산에 들어가 불교를 공부함.
- 1555년　자경문을 지음.
- 1556년　한성시에 장원으로 합격함.
- 1557년　곡산 노씨와 결혼함.
- 1558년　별시에 '천도책'이라는 글을 써서 장원 급제함.
　　　　　이황과 만남.

- 1574년 《만언봉사》를 지음.
- 1575년 《성학집요》를 지음.
- 1577년 《격몽요결》을 지음.

- 1592년 임진왜란 일어남.
- 1597년 정유재란 일어남.

1580    1590

- 1582년 이조 판서, 형조 판서, 숭정대부, 의정부 우찬성, 병조 판서에 임명됨.
- 1583년 나라를 구하는 의견을 제시한 《시무육조》를 써서 상소를 올림.
- 1584년 1월 16일 병으로 세상을 떠남.